東大生は本当に優秀なのか

「正解のある教育」ではなく「答えのない創造力」へ

東大生は本当に優秀なのか　目次

はじめに――創造的な若者を生み出す教育へ――5

第1章　日本人はなぜ「正解のない問題」が苦手か――15
田中愛治　早稲田大学総長

第2章　「暗記型」の受験が日本人の能力を萎縮させている――35
萩生田光一　元文部科学大臣

第3章　「新たな問い」を求めて、異才が生まれる環境を――53
上野千鶴子　社会学者

第4章　夢や情熱がなくても生きていける――75
大空幸星　NPO法人「あなたのいばしょ」元理事長

第5章　貧困家庭から東大に合格した私の教育論――97
泉房穂　前兵庫県明石市長

イラストレーション　山下航
ブックデザイン　鈴木成一デザイン室

はじめに――創造的な若者を生み出す教育へ

僕が教育問題に強い興味を抱き始めたのは、旧知だった宮沢喜一元首相が「日本の政治家はG7サミット（主要7カ国首脳会議）に出ても発言できない。それは英語ができないという問題ではなく、教育が悪い」と語ってくれたのがきっかけだった。

この話を聞いたのは、もう30年以上も昔になるだろうか。当時から政治家を取材することが多かった僕も、国際会議でモノをはっきり言わないのか、言えないのか分からないような政治家の情けない姿を、すごくもどかしく感じていた。

国際会議は、欲や憎悪さえも渦巻く国や地域間の揉めごとを、いかに収めるかがテーマになることが多い。いくら話し合ったところで、みんなが100％納得できる落としどころは、なかなか見つからない。だから、振り上げた拳をなんとか降ろしてくれる、いや振り降ろさないでもらえるような妥協点を探る。つまり、国際会議は、みんなで正解のない問題に挑んでいく場なのだ。

戦後の日本は、日米安保体制の下でアメリカへの従属が続いて、すっかり主体性を失ってしまった。学校でも、子どもたちの創造力や主体性を育てることより、正解のある問題ばかりを出す教育をやってきた。

教師は望んだような正解を示せない生徒を叱ってきた。激しい競争を繰り広げている大学入試でも、答えのある問題を解ける人が勝ち抜ける仕組みになってきた。政治家を含めて、学校で正解が決まっている問題ばかりをこなしてきたから、新しいものを作り出すのが苦手な大人になる。当然のこととして、国際会議のようにアイデアが求められる場は苦手になってしまう。

この春、僕は91歳になった。年齢を重ねていくと、取材や著名人との対談で、自分の半生を振り返る機会が増え、改めて僕が子どものころから学校や教育といったものに違和感を抱き続けてきたと感じている。

僕は、日本が中国大陸への進出を強めていた1934（昭和9）年に滋賀県彦根市に生まれた。7歳の時に太平洋戦争が始まった。戦局は泥沼の様相を呈し、通っていた学校も国の言いなりになる人間を作るための戦時教育に染め上げられていった。子どもなのに兵隊のように列を作って行進させられたり、日本がやっているのは「米英の侵略からアジアの国々を解放する正義の戦争だ」と教えられたりした。

同年代の多くの少年たちと同様に、僕はバリバリの軍国少年だった。海軍のエリートを養成する海軍兵学校に入るのが夢だった。名誉の戦死を遂げることが美しいと信じて疑わず、もし、日本に米軍が上陸してきたら、爆弾を抱いて戦車に突っ込んでやろうと考えていた。令和の時代にこんなことを考えている子どもがいたとしたら、「自爆テロ」とでも言われて非難されるだろう。

1945（昭和20）年8月15日、ラジオで天皇の玉音放送があり、学校の教師から「負けるはずがない」と教わってきた日本があっけなく破れた。あの日、僕は部屋にこもってただ泣き続けた。創造力とは対極にある教育は、幼かった僕にもそんな悲しい結末をもたらした。

学校が再開すると、教師たちが僕らに言うことが、玉音放送の前と１８０度、変わった。「あの戦争はやってはならないもので、日本の侵略戦争だった」「これから戦争が起きそうになったら、君たちは体を張って阻止しなさい」と言い始めたのだ。

僕たちが、穴の空くほど丁寧に読んだ教科書の中身も、間違っていたということになり、墨で黒く塗りつぶさせられた。教師も、子どもも、いつも最敬礼していた天皇の御真影は校庭の焚き火にくべられた。

あの時代、学校の教師はしっかりとした教育を受けたエリートだった。親や子どもばかりではなく、地域でも敬意を払われる存在だった。それなのに、まさに手のひらを返したように変節した。教師や大人の言うことが全く信じられなくなった。

１９５０（昭和25）年に朝鮮戦争が始まると、日本のアメリカ軍基地からも多くの若い兵士たちが朝鮮半島に赴き、多くの血が流れた。その一方、日本は、戦争で奪われる多くの命と引き換えに、特需景気に沸くことになる。高校生になった僕は、軍国主義の詰め込み教育から解放され、朝鮮戦争に反対の声を上げるようになった。

ところが、今度は教師たちから「馬鹿野郎。お前はいつから共産主義者になったのか」と叱られた。敗戦直後、学校の教師たちは「戦争を阻止しろ」と言っていたはずだった。アメリカとソ連の対立が深刻化するなか、日本でも、反共主義へと方針転換した連合国軍総司令部（GHQ）によって共産主義者を排除するレッドパージが進み、学校はまたも手のひらを返したのだ。

僕と同世代の人たちの多くは、戦後に似たような思いを抱いていたと思う。ただ、僕の抱いた不信感と衝撃は大きく、その後も拭い切れないものとなった。学校や教師から受けた二度の裏切りによって、社会のあり方そのものを疑うようになった。後にジャーナリストの仕事を選んだのは教育への不信感が根底にあったのだろう。

教育への問題意識は持ってきたが、40代以降は政治や経済を題材にした取材や番組作りが特に面白くなって、教育をテーマにした仕事には、ほとんど挑めてこなかった。

だが、自分の老い先が短くなると、この国を引き継いでくれる若い人たちのことがすごく気になるようになった。アメリカに従属していればいいという時代はとうに終わったし、戦時中の僕のように上から言われるがままで、創造力に欠けた若者では日本は再び道を間違えると感じている。

挫折だらけの青春時代を送ってきた僕からすれば、最近の大学生が就職活動で、安定した企業や給料の良さに目を奪われて、仕事のやりがいが二の次、三の次になるケースも多いと聞くと、「君たち、これで良いのか？」と思ってしまう。

僕が１９５３（昭和28）年に高校を卒業後、彦根を離れて東京の早稲田大学に進んだのは、小説家になりたいと思っていたからだ。でも、同年代で頭角を現していた石原慎太郎や大江健三郎の作品を読むと、僕との力量の差は明らかで、とてもかなわないと思った。

大学を卒業する時には、新聞社やテレビ局の入社試験でことごとくはねられた。

なんとか岩波映画製作所にひろってもらい映像番組づくりを始めた。１９６４（昭和39）年には、東京12チャンネル（現テレビ東京）に移った。開局したばかりで他のテレビ局より、制作費も、人員も、視聴率も明らかに見劣りし、「テレビ番外地」などと揶揄されていた。

だからＴＢＳや日本テレビなど他の民放局が作らないようなタブーに挑戦する過激なドキュメンタリー番組をがむしゃらにつくった。青春時代のそんな葛藤の中でジャーナリストの道を見つけることができた。

お節介な僕は、若者たちとの勉強会のようなものを始めたいと考え、２０２２年から、ほぼ月1回、「田原カフェ」というイベントを開いている。

僕が青春時代を送った東京・早稲田の老舗喫茶店「ぷらんたん」などを会場に、毎回、各界からのゲストと35歳以下の若者たちを公募で招いている。

ゲストは、首相就任の前年にあたる２０２３年は石破茂氏に来てもらったし、この本でもインタビューしている宇宙ベンチャー社長の岡島礼奈氏、経済思想家の斎藤幸平氏、アメリカ政治に詳しい早大教授の中林美恵子氏、ＡＩ（人工知能）エンジニアでSF作家の安野貴博氏ら多士済々のメンバーにお願いしている。

会場では、僕とゲストが社会で起きるさまざまなテーマについて話し合い、若者たちに自由に思いや質問を述べてもらっているのだが、その姿が実にいい。

例えば、会場に集う若者たちはボランティア活動に携わっていることが多い。昔なら「正義」を振りかざしながら活動しているイメージがあった。でも、今の若者たちは目線も低く、押しつけがましさもなく、何より活動していて楽しいという自然な気持ちが原動力になっているようなのだ。

僕は、戦中戦後の体験から「正義」という概念には、いかがわしさを覚えている。正義なんて時代や周りの状況によってコロコロ変わるからだ。だから、若者が自分の物差しでものを考え、行動する姿に触れるたびに日本の未来は暗くないと感じる。

田原カフェと並行する形で、2023年の春から、教育をテーマに各界で活躍する人たちをインタビューして歩く「日本の教育　問題は何だ!?」という企画を毎日新聞の紙面とニュースサイトで始めさせてもらった。本書には、これまでに記事化された10人とのやり取りを中心に収めている。

僕は教育に強い関心があったが、教育分野の取材経験が少なく、専門的な知見にも乏しいから、この企画や本書の出版にあたっては毎日新聞社会部で記者や教育担当デスクを務めた竹内良和氏に伴走してもらった。10人へのインタビューの構成を担い、各章に解説を書いてくれた。

43歳も年下だが、率直に意見してくれるし、本音でやり取りできる人物だ。人柄も文章も誠実で、インタビュー相手についても、僕には思いつかない興味深い人を提案してくれて視野を広げてくれた。

ニュースの最前線に身を置いて、不特定多数の人たちに情報を届けている新聞記者の目を取り込むことによって、教育にさほど知見がない人にとっても、教育に精通している人にとっても、読み応えのある一冊にできたと思っている。

僕は生きても、あと数年だろうし、この本はジャーナリストとして最後のチャレンジのつもりだ。企画のインタビューでは、相手にぶつけようとしていた質問を忘れてしまったり、同じ話を繰り返してしまったりと、若い頃のようなキレはない。

でも、そもそも僕は不器用で、才能がない人間だと開き直っている。だからこそ「何を聞いても恥ずかしくはない」と、どんな相手にも遠慮することなく、素朴な疑問をぶつけてきた。年を取っても、そんなスタイルは変わらないつもりだ。

インタビューで教育についての僕の考え方が否定されたり、時代遅れだと指摘されたりもしたが、そこも含めて本書から何かを感じ取ってもらえたらうれしい。未来を担ってくれる創造的な若者が一人でも多く生まれることを願っている。

田原総一朗

第1章

日本人はなぜ「正解のない問題」が苦手か

田中愛治
早稲田大学総長

田中愛治 たなか・あいじ

1951年、東京都生まれ。私立武蔵高等学校中学校（東京都）出身、早稲田大政治経済学部卒。米オハイオ州立大大学院博士課程修了、政治学博士。専門は投票行動論。東洋英和女学院大助教授、青山学院大教授、早大政治経済学術院教授などを経て、2018年から第17代早大総長を務めている。早大では教務部長、理事（教務部門総括）、グローバルエデュケーションセンター所長も経験した。日本私立大学連盟会長、日本私立大学団体連合会会長。文部科学相の諮問機関「中央教育審議会」委員、世界政治学会（IPSA）会長なども歴任。

田原がインタビューの最初の相手に指名したのは、「私学の雄」とされる早稲田大学の総長で、かねて交流がある田中愛治氏だった。総長就任時に「世界でかがやく大学」を掲げ、受験界では「文系」に色分けされてきた看板学部・政治経済学部の入試で、数学を必須科目にしたことでも話題になった。田中氏はインタビューで、日本の教育の行き詰まりの背景には、戦後日本がアメリカというモデルを追い求めてきたことがあったと指摘する。

〈インタビューは2023年5月18日、東京都新宿区の早稲田大学大隈会館で〉

G7で発言できないのは教育が悪い

田原　首相を務めた宮沢喜一さんは「日本の政治家はG7サミット（主要7カ国首脳会議）に出ても発言できません。英語ができないという問題ではなく、教育が悪い」と僕に語っていました。

G7は正解がない問題に直面しているからこそやっている会議で、そこで発言できないのは、正解のない問題にチャレンジする教育を受けていないからだと思います。

日本では、正解のある問題を出す教育をやっています。正解を答えないと先生に怒られてしまう。

田中　なぜ、そうなってしまったのか。私の仮説は、はっきりしています。

第二次大戦直後、日本の産業は荒廃し、科学技術も遅れていました。どうしようもない状態の中、欧米の戦勝国に追いつこうとしました。

当時の日本は暗黙のうちに最も国力があり、占領軍として入ってきたアメリカを目指したのです。そこで、アメリカにいかに早く追いつけるのかを答えられる人材を求めるようになります。

ただ、日本で自動車を作るにしても、テレビを作るにしても、アメリカという先行事例があるので、どこかにその答えがある問題を探してきたことになります。

田原　つまり、アメリカというモデル＝正解のマネをすればよかったわけですね。

田中　アメリカに追いつくまでは、そのモデルを追求すればよかったのです。敗戦後からやってきたとおりにやれば、どんどん国力は上がるので、とにかく正解のある問題をこなしてきました。

ただ、1980年代初頭ごろ「ジャパン・アズ・ナンバーワン」と呼ばれるようになります。

テレビも、自動車も、半導体も、アメリカよりも安く、質も良く、壊れないものが作れるようになり、日米の貿易戦争にも勝ちます。

そこで困ってしまうのです。アメリカを追い越して、目標がなくなってしまったからです。

クイズ番組の早押しは「意味がない」

田原　日本は90年代にアメリカに迫られて内需拡大に進み、バブル経済もはじけて、構造不況に陥りました。だが、その時、経営者たちは失敗を恐れてチャレンジができなかった。

失敗を恐れない人材をなぜ生み出すことができないのでしょうか？

田中　アメリカに追いつくために必要な人材を育てるために、日本は小学校から答えがある問題を解かせる教育に力を入れてしまい、答えのない問題を解くことをさせてこなかったからです。決まった正解を答えられる子どもが「いい子」だとされてきました。

テレビで、あるクイズ番組が人気なのは象徴的だと思います。解答者である東京大学の学生たちは、頭の回転がよく、論理的推論の力もある人たちだと思います。

でも、正解のある問題を早く解けることを競い、たたえるのは、あまり意味がないように思います。

田原　アメリカのハーバード大学で政治哲学を教えるマイケル・サンデル氏の授業を公開した「ハーバード白熱教室」というテレビ番組が、かつて日本でも放映されてブームになりました。正解のない問題をガンガン出す授業です。

アメリカの学生たちは、正解がないので創造力を発揮して、いろんな意見を出し、本格的な討論をしていました。その一方で、日本の学生は創造力も討論の力

も不十分です。

田中　小中高校の先生、大学の教授が、自分が想定する答えを言う生徒が可愛く、優等生だと思っている節があることにも問題があります。逆に予想していない答えを言う生徒は可愛くないと思いがちです。

その価値観で「一番できる」とされた生徒は東京大学に進み、さらにその中で勉強ができる人が日本のエリートになった。

この人たちが「日本で一番頭がいい」と評価され、物事の解決策を知っているとも思われてきました。

もちろん東大を成績優秀で卒業した日本の超エリート層の方々は、とても優秀です。しかし、その人たちが答えのない問題の解決策にたどり着けるとは限りません。

社会には、多様性が必要なのに、日本の教育の方向性が非常に画一的であったために、さまざまな考え方を持った人が共存できない構造になってしまいました。

受験戦争の過熱が招いた画一的教育

田原　どうして答えを求める教育は、いまだに変わらないのでしょうか？

田中　「受験戦争」が過熱したことが理由の一つです。最終的には、より有名で、0・1でも偏差値の高い大学に進むことが求められるようになっています。

そのために、効率よく勉強することだけを追い求めてしまっている。高校での学びを見ても、大学受験を見据え、文系のコースに進めば数学と理科を捨て、理系コースでは国語や社会を捨てるようなカリキュラムになってしまっています。

田原　かつて文部科学省の幹部たちに「大学入試で創造力がある人間を入れたい

のなら、創造力があるかどうかを見極めるような試験問題にした方がいいじゃないか」と意見したことがあります。

そしたら「言うとおりだが、そんな問題にしたら、採点する人間がいない」と反論されてしまいました。

田中　基礎学力を測る試験は、確かに必要だとは思います。ただ、問題なのは、入試では1点でも得点の低い方が落ちなければならないという固定観念が多くの人にあることです。

例えば、基礎学力を問う試験で80％以上の正答があれば、社会貢献活動をしているとか、演劇が上手であるとか、数学の論理性が高いとか、音楽の才能があるとか、俳句が詠めるとか、それぞれの受験生の特徴を評価して、答えのない問題を解けるような人物を合格させてもいいと思います。

しかし、正答率が80％の人でも、１００％の人でも区別はしないという哲学が広く浸透していないので、なかなかそうはできない。

「難しい問題は解くな」という指導

田原　どうして試験の点数にこだわらない哲学が持てないのでしょうか？

田中　受験戦争が長く続いて点数による線引きの発想が確立してしまい、そこから抜け出せないのです。

中学や高校にとっては、有名で偏差値の高い学校に一人でも多くの生徒を入れることが名誉になっています。受験で合格させるためには、答えのない問題を一生懸命に考える子どもよりも、答えのある問題を早く解ける子どもを育てた方が学校の実績につながるのです。

予備校でも「難しい問題にぶつかったら、解くな。時間が無駄になるから解き方を知っているものだけまず解け」といった指導をしていると聞きます。

だから、答えのない問題を解くどころか、見たことのない問題は、解かない方がいいと教えているのです。今までやっていることを変えたくないんですね。

――インタビューが進むにつれて、田中氏の物言いは、熱を帯びていった。歯に衣着せぬ発言をトレードマークとする田原のお株を奪うかのようだった。それは「受験戦争」を過熱させてきた進学校や受験業界などへの憤りの証左であり、大学教育にも批判の矛先を向けた。田原との話題は、日本の教育予算の少なさや文系・理系教育の融合などにも及んでいく。

上手に教育施策を打てば内閣支持率は上がる

田原　既得権益があって教育が変わらない、と。

田中　物事を変えるのはすごく努力やエネルギーが必要です。やったことがないことをやるのは、うまくいくかどうかわからないので怖いのです。

有名校に多くの進学実績があることで評価を得ている中学や高校で、学校も先生も安泰なのに、それを変えて立場が危うくなるようなことはしたくはないでしょう。これまでのやり方にしがみつきたくなります。

田原　先生たちは成功体験があるから、考え方を変えようとは思わないんですね。

田中　学校の先生たちは、学校の成績が良かった人が多い。これまでの成功体験があるから「1点でも多く点を取る」という仕組みを変えようと思いません。

大学でも多くの教員が「自分たちが標準とする問題を解くのが苦手な学生は、能力が低い」と思ってしまっている。ゆがんだエリート意識がある限り、教育は変えられないでしょう。

田原　日本の教育予算の少なさも問題だと思います。国内総生産（GDP）に占める公的教育費の割合は、欧州を中心に38カ国が加盟する経済協力開発機構（OECD）で、最低水準にあります。国民の多くは、教育に関心を寄せているのに、なぜ政府はもっと予算をつけないのでしょうか。

田中　教育にかける予算が少なすぎるのは、政治家から「教育は票にならない」と思われているからです。特定の業界団体のように組織票になるものには予算がつきます。

だが、小中高校や大学にいくらお金を出しても、先生や教授が投票してくれるとは限らないから予算があまりつきません。

政治家に考えてほしいのは、児童手当のように子育て世帯にお金をばらまくような安易な施策では、有権者の評価は得られないということです。学校の先生の負担を減らす、悩みを持つお子さんたちが相談できるカウンセラー制度を作る、親御さんの不満に対応する人を学校に置くなどの個別具体的な仕組みを打ち出せばいい。

そこにお金をかけた時に、初めて有権者は「この政党の人たちは、教育に真剣に取り組んでいるのかな」と考えてくれるようになるのです。

教育は、全国民の関心事です。上手に施策を打てば、内閣支持率はすごく上がるし、選挙にも勝てるでしょう。

政治家は、特定団体の支持が票になると思っています。だが、投票行動の分析を専門にしている政治学者の私から見れば、こうした認識には偏りがあります。組織票で動く人たちは全有権者のごく一部です。当然、そうではない多くの国民が評価するような施策を打てば、高い支持を得られることをご理解いただきたい。

文系、理系という枠を超える

田原　田中さんが総長になってから、早稲田の教育をどう変えたのでしょうか。

田中　文系、理系という枠を超える教育を始めています。文系の学生にも「数学」と「データ科学」を学んでもらう体制を作りました。

また、政治経済学部では2021年度入学生の一般選抜（一般入試）から大学入学共通テストを利用し、「数学」を必須科目としました。

そこで基礎学力を確認した上で、英語と日本語の長文を読み解いて論述で答える学部独自の試験を課しています。ここでは、ものの考え方や論理展開を評価しています。いくら知識があっても、論理的な文章が書けない人は、入学しなくて結構です、というメッセージを込めています。

文系から理系に変わることは「理転」、理系が文系に変わることは「文転」と言われています。

そして理系の方が試験や勉強が難しいから、文転は容易でも理転は難しいと思われているようです。

でも、こういった考え方が染み付いていることもすごく問題です。

海外の企業のトップや欧州の大使と会った時に「大学では何を専門に学んでいたのですか」と尋ねると、「よく覚えていないけれど、学部の時は歴史や文学だった。今は量子物理学以外はどの分野もわかる」と答える人もいました。弁護士の方と話しても、メディカルスクールを出て医師の免許を持っている人も少なくない。

失敗を恐れる社会の慣習

田原　生成ＡＩ（人工知能）も台頭する時代になり、大学で理系の教育を受けていないと社会に出てからどうにもならなくなるはずです。

田中　日本では有名大に入りさえすれば、人生安泰だと思われていました。仕事に必要なスキルは会社に入ってからオン・ザ・ジョブ・トレーニング（実地訓練）で教わればいいので、大学でも「余計なことを教えないでほしい」と言われてきました。

ある大企業の人事統括の方から興味深い話を聞きました。

自社で文系学部出身の社員にオン・ザ・ジョブ・トレーニングをして、データを使ったプレゼンやマーケティングなどの力を鍛えているけれど、しっかりできるようになるのは40歳手前で、入社から15年ぐらいかかっているそうです。

一方、欧米諸国では30歳代で企業のＣＥＯ（最高経営責任者）になる人はたくさんいます。20歳代前半でデータに基づいたエビデンスを基本にした議論ができないと困るわけで、日本の大学でもそのスキルを教えなければなりません。

逆に理系学部の出身者は、人間がどんな消費者行動を取るか、あるいは経済恐慌時にどんなパニックに陥るかということはわからないと思います。

田原　それなのになぜ日本は文理の分断をいつまでも続けているのでしょうか？

田中　やはり大学受験の制度が変わらないからです。

合格実績を上げている高校も受験で文理融合をやられたら、今後もうまくいくかわからないので反対します。失敗を恐れる社会の慣習がずっと続いているんです。

戦後の日本は1980年代半ばまで成功してきましたが、その40年間の成功があるがために、成功を手放すことから逃れられない文化が育ってしまいました。日本の教育が変われない原因だと思います。

田中氏は「答えのある問いを解く教育」の底流には、戦後の日米関係があるとし、それが「受験戦争」にも深く結びついていると指摘した。

受験戦争も、学歴や出身校に過度にこだわる「学（校）歴社会」も、批判されて久しい。しかし、今も日本社会に深く広く根を張っている。その端的な例が、首都圏や関西圏など都市部を中心とした中学受験ブームなのだろう。

首都圏模試センターの推定によると、首都圏における私立・国立の中学受験率は24年に過去最高の18・12％を記録し、10年連続で上昇している。25年も18・10％（2月17日現在の速報値）でほぼ横ばいとなっている。つまり、中学受験は一部の富裕家庭に限った話ではなくなってきているのだ。

中学受験を決意すれば、小学3年生の冬から学習塾に通い始めるのが王道で、勉強時間を確保するためにピアノやそろばんといった習い事からもフェードアウト。夏冬の講習や正月特訓なども含めると、塾代は3年間で250万円ともされている。

「家族の団体戦」とも呼ばれており、受験をサポートするために仕事をやめる母、会社帰りに背広姿で塾へ迎えに行く父、難解な塾の宿題を見てあげる兄や姉も中受の経験者……といったパターンはよくある。

それでも都会の子育て家庭がこぞって参戦するのは、我が子の大学受験に有利に働くとみる親が少なくないからだ。私立中の多くは高校との一貫教育となっている。高校受験のタイムロスがないため、学習の進度は一般的な公立学校よりかなり速い。集まる生徒の進学意欲も高く、周りから刺激をもらって、受験にもプラスの影響が期待できるというのだ。

そして、親たちが学校選びの重要な指標の一つにするのは、中学からのエスカレーター方式で進むことになる高校が、難関大にどれだけ多くの合格者を出しているかだ。東大などの難関大に多くの合格者を出した学校は、受験生の人気も高まり、偏差値もアップしていく傾向がある。

ある東京の名門中高一貫校の校長は「塾や保護者が気にされている大学進学実績というのは、詰まるところ、東大に何人合格者を出しているかなんです」と皮肉交じりに話す。

私大の両雄である早稲田、慶応は、中学から大学に連なる受験競争ピラミッドの頂点の一角をなしている。それだけに田中氏が受験戦争に強い危機感を持ち、早稲田大の入試改革に手をつけた意義は大きい。トップ校の動きは、入試全体の流れにも影響するために無視はできず、受験業界や受験生が入試や学びのあり方を再考するきっかけになるからだ。

ただ、大学入試の改革は、教育にとどまらず、日本社会の構造をも変えるに等しく、一朝一夕には成らないことは、田原と田中氏のやり取りからご理解いただけたはずだ。中学受験の過熱ぶりからは、親たちの発想の転換も必要なことが分かる。

第2章

「暗記型」の受験が日本人の能力を萎縮させている

萩生田光一

元文部科学大臣

萩生田光一　はぎうだ・こういち

1963年、東京都生まれ。早稲田実業学校高等部出身、明治大商学部卒。27歳で八王子市議になり、東京都議を経て2003年に衆院選で初当選し、現在7期目。内閣官房副長官、文部科学相（19年9月～21年10月）、経済産業相などを経て、22年8月～23年12月には自民党政務調査会長を務める。文科相在任中、公立小学校の1学級の児童数の上限を40人から35人に引き下げる法改正が実現した。また、自民党旧安倍派の実力者「5人衆」の一人だった。党特命委員会の委員長として23年5月、給特法の「教職調整額」を4％から10％以上に引き上げることを柱とする教員の処遇改善策を取りまとめた。

一般的にはなじみが薄いかもしれないが、元自民党政調会長の萩生田光一氏は、永田町や霞が関の界隈では「教育通」として知られている。安倍晋三政権下では、首相の最側近の一人として文部科学相も務め、名実ともに文教政策のカギを握った。田原のインタビューでは、社会問題化している公立学校教員の長時間労働について「学校のマンパワーを増やし、授業や子どもと向き合う時間を作る」と語った。人気だったテレビドラマを引き合いに、働き方改革は「脱金八先生」がキーワードだという。

〈インタビューは2023年8月22日、東京都千代田区の自民党本部で〉

「本来業務でないことに忙殺されている」

田原　公立学校では中学校で77・1％、小学校で64・5％の教員が国の指針「月45時間」をオーバーする残業をしています（2022年度実施の文科省調査）。でも、教員給与特別措置法（給特法）があり、労働時間に応じた残業代が出ない。

公立校教員の採用倍率は過去最低です。

萩生田　昔の学校の先生は授業を主とした上で、子どもの授業以外の学びや一人一人のサポートをするのが仕事でした。

でも、今は学校への社会の要請がものすごく増えてしまっています。本来は学校の業務ではないことに、先生が忙殺されて勤務時間が長くなっているのです。

教育の成果を左右するのは先生の力だと思います。志のある人が教育現場に入り続ける環境を作らなければなりません。自民党の特命委員会では残業の問題を含め、さまざまな働き方改革を検討してきました。

給特法は、教員に残業代を出さない代わりに給料の4％を「教職調整額」として支給していますが、正規の勤務時間外の手当として考えれば、4％は過少で10％以上にすべきです。

ただ、私が教育現場の皆さんと接していると、必ずしも残業代が出ないから、学校教員の人気が下がっているわけではないと思っています。

「部活をやりたくて先生を目指す人も」

田原　部活動の指導が長時間労働の要因とも言われています。

萩生田　これも難しい問題で、部活の顧問をやりたくて先生を目指す人も結構いるんです。ただ、先生のライフサイクルも影響します。

例えば、大学を卒業したばかりの先生で、家庭を持っていなければ、夜遅くまで子どもと一緒に汗を流して満足感もある。けれども、結婚して子どもが生まれると、自分の子育てに時間を割かねばならず、土日の練習や大会の引率がしにくくなります。

部活顧問の在り方は、状況に応じて変えなければならないのですが、学校現場の長年の積み重ねで、日ごろの練習も、練習試合も、大会の引率も全て教員がやらなくちゃいけないと思い込んでしまっている部分があります。

その呪縛を解こうというのも、我々が目指す改革の一つです。部活動指導員の方にも入ってもらうなどし、教員に全ての負担がいかないような仕組みを作りたいです。

「先生へのリスペクトは希薄に」

田原　テレビの人気ドラマだった「3年B組金八先生」の主人公・坂本金八のように、教員は教え子に全てをささげるがごとく生きるのが素晴らしいとされてきました。

萩生田　大変すぎて無理ですよ（笑）。昔は社会で学校の先生へのリスペクト（尊敬）がありましたが、今は何でもかんでも学校や先生に「頼めばいい」「言えばいい」という価値観に変わってしまった。

親御さんの先生へのリスペクトは希薄になっています。家庭で解決すべき問題まで学校に持ち込み、先生も断れずに背負い込んでいます。こうしたことが広がって、学校で長時間労働が慢性化しているのです。

田原　どうして先生が背負い込むことになったんでしょう？

萩生田　先生たちは、ものすごく高い使命感があります。自分が携わった子どもたちが人の道から外れないようにしたいとも思っています。

家庭が対応すべきことでも、親や子どもから相談されれば、金八先生のように家まで上がり込み、お世話をするような気質が根付いています。
　でも、そこまでやるのは無理ですし、これからは「脱金八」が必要です。教員は一義的に授業をやるのが大事で、その上で、学校で子どもと向き合える時間をしっかり確保できるような働き方に変えていきたい。
　頑張る先生ほど倒れ、辞めていくのでは困ります。時間と心の余裕を持たせてあげなければなりません。教員の働き方改革は今が最後のチャンスだと思って制度設計を急いでいます。

「1人で35人を見るのは大変」

萩生田　昭和の時代なら、1学級に45人いても、学級委員長が「起立」「礼」と言えば静かに授業が始まりました。

今は子どもがさまざまな課題を抱え、多様性も尊重されています。障害を持つ子たちも頑張って、ノーマライゼーションで一緒に勉強をしてくれています。丁寧なフォローが必要になっているのです。小学校では２０２１年度から、やっと35人学級の導入が始まりましたが、1人の大人が35人を見るのはとても大変です。

田原　諸外国はどういう状況なんでしょう？

萩生田　日本でよく使われる枕ことばを引き合いに出せば、G7（主要7カ国）やOECD（経済協力開発機構）では、1学級20人程度でやっているんですよ。すぐに20人とは言いませんが、少なくとも小学校で30人、中学校で35人を実現していきたい。

小学校でいえば、1人の教員が全教科をみるなんて、こんなマルチな世界はありません。担任の先生がオルガンも弾いて、鉄棒もできないと務まらないというのは無理です。

担任が国語、算数、社会などの教科を教えるのはいいですが、理科なら高学年になれば専門知識がある先生のもとで実験をした方が楽しいし、体育も運動神経のいい先生の授業の方が面白いはずです。

中学校のように「教科担任制」を充実させれば、先生に空きコマが生まれ、翌日の授業準備もできるようになります。

教科担任制を広げるために教員のマンパワーを確保したいのですが、財務省は少子化で児童生徒の数が減る中で、教員を増やすのはとんでもないと主張していますね。

教員の長時間勤務は何か一つで解決するわけではなく、さまざまな対策をパッケージでやらないと効果を発揮しません。一つ一つの対策に異論はあるかもしれませんが、組み合わせれば効果を発揮するはずです。

萩生田氏は、豪腕なイメージとは裏腹に、実際に会ってみると、人なつっこく、気さくな印象を受けたのが意外だった。具体例をもって主張を分かりやすく伝えたり、課題を整理しながら話したりする姿からは、むしろ繊細さを感じさせる。文科相の在任中は、官僚たちのウケも良かったという。インタビューの後半では、「暗記型」の受験が「日本人の能力を萎縮させている」と指摘。教育の将来像を語り、やんちゃだった学生時代も振り返った。

入試問題を作れる先生がいない？

田原　日本人は学校で正解のある問いに答える教育を受けてきたために、創造力に欠けてしまったというのが僕の問題意識です。その結果、G７などの国際会議では日本の政治家はほとんど発言できませんでした。

萩生田　今の学校では子どもたちの多様性を認めながら、課題を解決する力を身につけることを心がけています。つまり正解のない答えを求めていくわけです。

総合的学習という時間を作り、子どもたちも必ずしも答えは一つじゃないことを話し合い、答えが複数になったりするようなことも経験しています。私は随分と変わってきていると思います。

田原　大学は正解のない問題にチャレンジする場所だと考えます。でも、大学入試は、答えのある問題を解ける人を合格させる内容になっているようです。答えが一つではない問題を作っても、採点できる人がいないとも聞きました。

萩生田　試験制度は変えていけばいいし、総合型選抜（旧ＡＯ入試）などで個性豊かな生徒を積極的に取っている大学もあります。

正解がある問題で、ある程度の線引きをし、２次試験で論文や面接を課して、創造性などを見極める試験も良いと思います。ただ、ご指摘のように採点をする人がいないんです。

かつて大学では、入試問題を作れる先生が学部内で尊敬されてリーダーになっていましたが、今は誰も問題を作りたくないし、採点もしたくなくなっている状況もあるようです。

大学の授業も、もっと迫力があっていい。大学に4年間行ったことで、何が身についたかを評価しづらい教育にもなっていますからね。

高専制度は「日本の教育の成功例」

萩生田　日本の教育モデルの中で、成功例だと思うのは、高等専門学校の制度です。中学卒業後の子どもたちが5年間、継続的に技術的なことを学べるのは、最高の仕組みです。当初は大学に行かない子どもが技術を身につけて、就職を有利にする面もありました。

でも、高専制度の創設から60年を超え、日本の名だたるものづくり企業では、経営者や技術者に高専出身者がいない会社は見当たらないくらいです。

日本のAI（人工知能）研究の第一人者で、東大教授の松尾豊さんと懇談した時、教え子の中に「何でこんなにプログラミングができるんだろう」と思うグループがあって、調べたら高専出身者だったと話しておられました。

私の持論ですが、18歳の頭の柔らかい年代に、大学合格のために嫌なことも覚える「暗記型」の受験の仕組みが、日本人の能力をどんどん萎縮させていると思います。

高専生が大学3年から大学に編入すると、学びの幅が全然違います。こうした人材育成をすることが企業のこれからのチャレンジにつながると思います。

田原　東大などの優秀な学生が起業していくのもよいのでは？

萩生田　共鳴しますが、東大、京大の学生で就職せずに起業にチャレンジするのは少数だそうです。

大企業に就職するキップを持っているわけです。例えば大手商社への就職をやめて「仲間と会社を作ります」と言っても、親御さんも「それは立派だね」となかなか言わないですよね。

住民票をチームメートの家に

田原　萩生田さんの学生時代に思い出に残っている授業や先生は？

萩生田　中学3年に上がるときに、子どもの増加に伴う学区変更で、私は隣の新設校に行くことになりました。野球部に所属していて、全国大会を目指していたメンバーが分断されるのが嫌で、住民票をチームメートの家に移したりして抵抗しました。

しかし、顧問の先生から「リーダーシップがあるお前が残ると、他の生徒が動揺する」と新設校に行くよう諭されました。

随分と冷たいなと思いました。

でも、開校式に行くと、その先生も転任して来ていて「お前だけ行かせるわけにはいかない」と言うんです。その時はうれしかったですね。

教員は子どもの憧れの職業であり、そういう先生との出会いが子どもの価値観や人生を変えると思います。

今は教員と子どもの関係が希薄になってしまった。放課後に授業で分からなかったところを聞こうと職員室を訪ねても、教員に答えている時間がない。

教員に余裕ができて、子どもに向き合える学校になれば、日本の教育はもっと良くなると思います。

奨学金で私学への道を

田原　日本の教育で他に良くしたいと思うことは？

萩生田　生まれた家庭の経済環境によって、人生の選択肢がどんどん狭くなってしまっているのが、今の日本です。親にいろいろと事情があっても、子どもたちはフラットに何でも挑戦できるようにしたい。

私学に行きたくても家庭の事情で行けないというなら、貸し付けや給付型の奨学金で頑張ってもらえるようにしたい。そういう社会にすれば、その子たちが、また次の社会を作ってくれるのではないでしょうか。

公立学校教員の長時間労働はなかなか解消されない。歴代最長2822日を記録した第2次安倍晋三政権の文科相などとして、政界で大きな力を握っていた萩生田氏が注力しても、なおも解消への道のりは険しい難題だ。

公立校を巡っては、ネットを見ても「ブラック」といった記述がわんさと出てくる。学生の間でもかつてのような人気業種ではない。採用倍率も3倍あまりに低迷し、「教員の質が保てない」との危機感が広がっている。日本が世界に誇っていた公立学校の揺らぎは、最大級の社会問題であろう。

先生の負担を挙げれば切りがない。萩生田氏がインタビューで挙げた事例のほかにも、夜の街に生徒がいないかを見回ったり、学校に理不尽な要求をする「モンスター・ペアレント」に対応したり。職員室では校務のDX（デジタルトランスフォーメーション）化といった働き方改革を進めているが、産休や育休、病休で欠員が生じても代わりの先生がおらず、校長や副校長が管理業務と掛け持ちで、教壇に立つケースも聞く。

また、田原がインタビューで示した文科省の22年度調査の数字は教員が自宅でこなす「持ち帰り仕事」などを「勤務時間」にカウントしておらず、労働の実態は数字より厳しいと指摘されている。

教員不足は、第2次ベビーブームの影響で１９８０年代に大量採用した世代が退職した穴を埋めるために採用枠が広がる一方、教職人気は低迷しているというのが大きな理由だ。公立校教員選考試験の倍率は7年連続で下がり、24年度採用の全国平均は3・2倍と過去最低を記録した。ピークの２０００年度に12・5倍だった小学校の採用倍率はとりわけ低く、2・2倍にまで沈んでいる。

政府は、公立校教員の処遇を改善し、志望者の減少に歯止めもかけるため、インタビューがあった翌年の２０２４年冬、残業代の代わりに公立校教員に一律支給している「教職調整額」の引き上げを決めた。これまでは基本給の4％としていたが、２０２６年から年１％ずつ増額し、31年には10％とすることにしたのだ。

だが、少子高齢化などで人材獲得競争が激化し、大卒初任給を引き上げる民間企業が相次ぐ中、給与の小幅なアップで教員人気を回復できるかは不透明だ。若者世代は少しぐらい給料が安くても、ライフワークバランスを優先するケースが多い。

教員の長時間労働をなくすことと、慢性的な教員不足を解消することは、連立方程式の答えを求めるように複雑で、まさに「さまざまな対策をパッケージでやらないと効果を発揮しない」(萩生田氏)問題であろう。

第3章

「新たな問い」を求めて、異才が生まれる環境を

上野千鶴子

社会学者

上野千鶴子 うえの・ちづこ

1948年、富山県生まれ。石川県立金沢二水高校出身。京都大大学院文学研究科社会学専攻博士課程修了。社会学博士（東京大）。平安女学院短期大学助教授、京都精華大助教授などを経て、93年に東京大助教授となり、95年に同教授、2011年に退職し名誉教授。認定NPO法人ウィメンズアクションネットワーク理事長。専門は女性学、ジェンダー研究、高齢者介護とケアの研究。94年に『近代家族の成立と終焉』（岩波書店）でサントリー学芸賞、2011年度に朝日賞受賞。その他の著書に『おひとりさまの老後』（文春文庫）など多数ある。

社会学者・上野千鶴子氏はジェンダー研究の第一人者で、数々の論争を巻き起こした論客としても知られる。著作が中国でベストセラーになるなどし、米誌『タイム』が2024年に公表した「世界で最も影響力のある100人」にも選ばれた。田原のインタビューでは、東京大学で18年にわたり教員を務めた経験も踏まえ、日本の教育が抱える問題をピンポイントで指摘。学生には、「誰も答えたことのない問いを立ててごらんなさい」と投げかけているそうだ。

〈インタビューは2023年11月13日、東京都千代田区の毎日新聞東京本社で〉

東大入学式の来賓、「悪い冗談だと思った」

田原　上野さんが2019年に東大の入学式で述べた祝辞は、学内外にある男女差別から学びのあり方を論じたことで大きな話題になりました。

女子学生と浪人生を差別した東京医科大の不正入試から始まり、東大についても学生や教員の女性比率の低さなど、容赦しませんでした。

その能力は弱者を助けるために使うべきで、「東大ブランドがまったく通用しない世界でも、生きていける知を身につけて」と期待を寄せましたね。

上野　私のようなキャラクターを来賓に呼ぶなんて、東大の保守的な体質もいくらかは変わったのかもしれません。当初は何かの悪い冗談だと思って、断る気、満々だったんですが（笑）。

私の祝辞を聞いた教育学部の女子学生が、東大男子がやっている「東大女子、お断り」のインカレ（インターカレッジの略称。複数の大学から学生が集まる）サークルを題材に卒論を書いて卒業しました。この卒論がめちゃくちゃに面白い。サークルでクイズゲームをやると、東大生は正解のある問いが得意なので、東大男子が勝つ。そこで他大学女子のメンバーを「君たち、おバカだね」といじると、「私たち、おバカだから〜」といった反応をしてくれるのだそうです。

東大男子はそういうやり取りに対して「他大の女子は優しくて、何を言っても笑ってくれる」と。それに比べて東大女子は「厳しい」「怖い」というんです。

そんな4年間を過ごして卒業していく男性たちが日本社会のエリートになっていくんですよ。

だから、私はよく東大生に嫌がらせを言うんです。「あんたたち、せいぜいクイズ王にしかなれないよ」ってね。

「男子による、男子のための学問」

田原　なぜ、知識や教養を積んできた学識者らが集まっている「学問の府」で、意図的な男女差別が起きてしまうのでしょうか？

上野　教養があっても、知識があっても、平然と男女差別やセクハラは意識的、無意識的に行われます。私たちがなぜジェンダー研究を始めたかというと、学問自体が男性中心にできていて、すでに歪んでいると思ったからです。

これまで積み上げられてきた学問は「男子がいかに生きるか」ということの問いと、その答えでした。

もちろん素晴らしい知恵が蓄積されていますが、「男子の、男子による、男子のための学問」だったと思います。

東大は秀才、京大は異才を育てる

田原　上野さんは京都大の卒業生です。東大と京大の違いをどう見ていますか？

上野　東大は秀才を育て、京大は異才を育てるような風土があると感じています。私の学生時代の経験を振り返れば、京大は「教育せず、されず」、つまり学生は放し飼いでした。だから、当たりハズレもありますが、学生の発想を抑圧しないので、個性的な人は出てきやすいと思います。

ただ、東大や京大がそれなりに才能ある人材を輩出してきたのは、大学の教育や教師が良かったからではなく、入学してくる学生に、もともと優秀な人材の割合が多かったからだと思います。そういう人材はどこにいても伸びるでしょう。

残念なことに、日本の大学には高等教育のノウハウが確立されていません。18歳からの4年間は、人生の伸び盛りなので、私は学生たちに「自分はこれだけ成長できた」という実感を持って卒業してもらいたいと思っていました。

基礎体力をつけるための訓練

上野　今あるものを身に付けるだけでは教育ではありません。だから、ゼミ生たちに「誰も答えたことのないオリジナルな問いを立ててごらんなさい」と呼びかけました。

もちろん、前段として学生に一定の負荷をかけ、基礎体力をつけるための訓練をやりました。例えば毎週相当量の指定文献を読んできてもらい、提出物も頻繁に出してもらいました。

一度、授業を休んでしまったら、ついていけないほどです。週1回のゼミのために1週間が回っているようなもので、このレベルの授業が週に三つほどあれば、アルバイトをしている暇なんてないでしょう。

私は学生の考えや発想を一切抑圧しませんでしたので、ゼミには、社会学者の古市憲寿さんや、風俗業界で働く人を支援するNPO法人「風テラス」（新潟市）の理事長をしている（現在は退任）坂爪真吾さんなどユニークな人材が集まりました。

東大生がキャリア官僚を目指さないワケ

田原　近ごろは、東大生は中央官庁のキャリア官僚にならなくなっているそうですね。

上野　無理もないと思います。激務に比べて給料はそう高くはありません。その代償だったのは「国を動かしている」というプライドでした。

しかし、政治家の言いなりにならざるを得ない状況になってしまい、官僚のプライドはズタズタになっています。優秀な人はどんどん逃げていくでしょう。

日本は政治家が劣化しても官僚はまともだと思っていましたが、官僚もダメになっては、この国は危ういですね。

東大を蹴って、海外の大学へ

上野　日本の国立大学は、文部科学省からの運営費交付金を減らされ、学術的な

成果も出づらくなって、大学評価の世界ランキングも下がっています。これまでは、国内の大学市場でトップの東大が親や子どもに選ばれていました。

でも、最近は海外の大学と東大の両方に合格したら、東大を蹴るケースが出ているそうです。

これまで学生を国内に引き留めていたのは日本の企業でした。しかし、グローバル化によって、同質性の高い日本人男性によるホモソーシャル（男同士のつながり）な企業組織では、国際競争力がないことがバレてしまい、日本の企業に就職する魅力も薄れています。

留学生を見ていると、よくわかります。学者や学生は国際移動がすごく早くて、メリットのある国や地域にパッと移動します。今、東大に来ている留学生に「どうしてここを選んだの」と聞いてみると、「セカンドチョイスです」と、はっきり言う人が多いですね。

「英語圏の学校に行きたかったけれど、行けなかったから」と私の目の前で、堂々と言ってのけます。

上野氏の発言には「忖度」というものがなく、聞く者を痛快な気持ちにすらさせる力がある。長年、教壇に立っていた東大に対しても、ズバズバとものを言う姿勢は変わらない。きっと、権威や権力による横暴や、不条理に対するセンサーの感度の高さゆえであろう。東大での経験を振り返りながら、日本の教育の行き詰まりを説いていく上野氏は、日本の大学が「ドラスチックに変わる」方法について語り始めた。

国際舞台での発言、訓練すれば身につく

田原　日本人は正解のない問題にチャレンジする教育を受けていないために、創造力に欠けたというのが僕の問題意識です。日本の政治家は、国際会議でもなかなか発言できません。それは、英語ができないからではないと思います。

上野　その通りだと思います。今の予測のつかない国際情勢を見ても、解決への正解なんてありません。日本人が国際舞台で発言できないのは「シャイな国民性のせいだ」なんて言われますが、そんなものは訓練すれば身につく能力です。

たとえ、ブロークンな（たどたどしい）英語でも主張したいことのある人はしゃべりますし、今は大抵の国際会議は、同時通訳のシステムが整っていますので、自国語でしゃべればいい。

日本社会でトップレベルと言われている東大の学生たちに、私が「これまで誰も答えたことのない問いを立ててごらんなさい」って言ったら、「やったことないからどうすればいいかわからない」と答えが返ってきました。そういう教育を受けてこなかったからです。

小中高校の授業で、先生から「意見はありますか」と尋ねられても、生徒が手を挙げにくい雰囲気があったからでしょう。

みんなと違うことを言ってしまったら「ハブられる」(仲間はずれにされる)ような環境で12年間も育ってきて、違うことを言ったら「君は面白いことを考えるね」と褒められた経験がないからです。

意見は「異見」とも書きます。人の言うことに100%同意することなどありえないからこそ、「異見」なのです。

小学校から12年間、言いたいことがあっても黙ってきたのか、言いたいことを言って「面白いね。その次も考えてみよう」と言われてきたのかでは、18歳にもなれば人格に大きな違いが出ます。国民性ではありません。

最大の問題は「入試の選抜方式」

上野 日本の高等教育の最大の問題は、何か。答えは、はっきりしています。それは、入試での選抜方式です。今は正解が一つしかない問いに対する正答率が高い学生を選び抜いています。

正答率を争うのではなく、論述を取り入れるなどして、学生の思考力をしっかりと見るような入試問題にすればドラスチックに変わります。

選抜制度が変われば、中等教育にも初等教育にも影響が及びます。ただしそうすれば、私立進学校や受験産業の抵抗が大きいでしょうね。これまでのノウハウが通用しなくなりますから。

入試の公平性に過度にこだわる必要はない

田原　大学入試でも、正解のない問題を出して、創造力や探究心のある学生を増やしたらいいと思います。でも、大学に採点できる人間がいないという話も聞きます。

上野　大学教員ならできるはずです。現にフランスは「バカロレア」という大学入学資格試験があって、数日間かけて書かせた論文を評価しています。

また、アメリカでは、面接や小論文などで、志願者の能力を総合的に見極める

ＡＯ入試が盛んです。

ただ、日本では公平性を巡って文句が出がちです。でも、そもそも入試は、大学側がこういう学生に来てもらいたいと望む人材をとるためにやっているのですから、過度に公平性にこだわらなくてもいいのです。

東大にも推薦入試（学校推薦型選抜）の制度があります。募集人員は１００人程度で、合格者の４割ほどが女子です。東大生は約８割が男子なので、女子比率「２割の壁」を推薦では超えています。でも、全体の募集人員約３０００人に対して１００人では焼け石に水です。

東大は私立の中高一貫校出身の男子学生が４分の１ほどを占めるようです。彼らは、これまで正解のある受験勉強のスキルを磨いてきた子たちです。

今は、こうした勉強が効果を発揮するような入試制度になっています。だから、いっそのこと、ＡＯ入試の募集枠を定員の３分の１程度にしたらよいでしょう。

ＡＯで大学に入った学生は、入学後の伸びしろが大きいとのデータもあります。さまざまな活動をやってきた人たちなので、周囲の学生に刺激や好影響を与えることも分かっています。受験一途でやってきた進学校の生徒の知らないことを、たくさん知っています。

利益誘導のバラマキ政治の果てに

田原　日本では未来を担う子ども自体が減っています。かつて出生数が年100万人を切ったら大変だと言われたが、もう80万人を切っています。どうすればいいでしょう？

上野　少子化はずっと続いてきたトレンドで、多くの人がこの事態を予測できたはずです。人口は長期予測がしやすく、しかもその予測は当たります。80万人を切ることはわかり切っていたのに、無策な政治を維持してきたツケです。

　率直に言って、少子化対策はもう手遅れでしょう。本気で日本の人口を増やしたいなら「移民国家になればいい」という選択もありますが、これだけ円安では移民にとっても魅力が薄いでしょう。

田原　なぜ、政治は無策だったのでしょう？

上野　それは私じゃなくて政治家に聞いてください。この現状は利益誘導のバラマキ政治が長年続いてきた結果です。現状は変わらず世間も諦めムードで、有権者は無力感を抱いて、投票率は低迷が続いています。

「言ってもムダ」「やってもムダ」という無力感は、子どもたちの世界も支配しています。「教室」という空間も、異論を唱えることができない不自由な社会です。

このところ高校生向けにオンライン授業をすることが増えましたが、生徒と接してつくづくそう思いますね。

画面越しには「こんな目に遭った」「先生にあんなことを言われた」との率直な意見が出ます。そこで「じゃあ、その時はあなたどうしたの」と尋ねると、「言ってもムダだから、何も言いませんでした」という答えがよく返ってきます。

そんな空気のある教室で育ってきたんです。

そういう子たちには、「あなたがその時黙ってしまったら、同じことがまた起きるよね」と言っています。誰かがノーを言わないと、と。

先生たちだって、職員室で自由にものが言えなくなっています。先生たちの背中を見ていたら、子どもたちも、ものを言わなくなるでしょう。

教育格差社会をどう変えるか

田原　国内外の有名校で学ぶためには富裕な家に生まれ、高い教育環境に恵まれることが事実上の条件になっています。生まれながらの能力の問題もあります。では、能力や環境に恵まれなかった時、どう乗り越えればいいのでしょうか？

上野　能力差があるのは、仕方がありません。ただ、生まれ持っての能力は育てないと伸びません。スポーツ選手と同じです。

つまり能力にプラスして環境と努力が必要なのです。今、子どもが努力できる環境に恵まれるかどうかは、経済的な格差によってほぼ決まってしまいます。

日本の社会は、格差社会になってしまいました。泣いてもわめいてもはい上がれない人たちがいる社会を人災で作ってしまったのです。

政治が格差オーライとゴーサインを出して、資源を傾斜配分しています。教育までそうなっています。例えば、公立の中高一貫校が次々誕生して勉強ができる子により手厚く資源配分する一方で、約30万人まで増えた不登校の子どもたちの受け皿は十分に用意されていません。

田原　じゃあ、どうすればいいですか？

上野　アメリカも格差社会ですが、日本よりもAO入試は盛んで、伸びしろがあると判断した学生には、給付型の奨学金を積極的に出しています。学生たちの出身地や人種、ジェンダーなどのバランスも配慮しています。こうした多様な人材の中から異才が生まれ、将来は何者かになってくれることで、大学の価値も上がっていきます。大学での戦略的な人材育成は、教育格差を埋める一つの参考になると思います。

上野氏と同じく、田原が本書でインタビューをした人たちの多くが日本の教育の病巣として、学校教育の一つのゴールになってしまった大学入試の制度を挙げた。それは田原が最大の問題意識とする「答えのある問題を出す教

育」の到達度を測るための試験になっており、日本人から創造力を奪っているというものだ。

もちろん、文部科学省も問題意識は持っている。ここ数年で小学校の授業参観に行ったことがある人なら気づいているかもしれないが、一昔前のように教員の説明を延々と聞きながら、板書をノートに写すような「講義型」の授業は減った。何かにつけて、子ども同士が机を向き合わせながら、学習のテーマについて討論するスタイルになっている。

これは、文科省が20年度から小中高で順次、実施した学習指導要領で「主体的、対話的で深い学び」（アクティブラーニング）を重視するようになったからだ。これまでの知識偏重などを見直して、自ら考え、行動する人材を育てるのが狙いだ。

大学入試も暗記型一辺倒の入試から随分と変わってきた。今や受験生の半数程度が、基礎学力とともに面接や志望動機などが重視される「総合型選抜」（旧ＡＯ入試）と、高校の成績や推薦書などが評価される「学校推薦型選抜」（旧推薦入試）で進学先を決めている。

この二つは12月までに合否が明らかになるケースが多いため、「年内入試」とも呼ばれている。もちろん少子化によって大学同士が新入生を奪い合う状況があり、早い時期に優秀な学生を確保しようとの狙いもある。

ただ、旧7帝国大学（北海道、東北、東京、名古屋、京都、大阪、九州）など難関校が多い国立大は、学力試験で合否を決める一般選抜（一般入試）が今も主流のままだ。その結果、東大の合格実績の上位校は、幼いころから塾通いを続け、「受験慣れ」している生徒たちが集まる東京や関西圏の名門中高一貫校が並ぶ。

旧7帝大でも、東北大が２０２３年、総合型選抜へ全面移行する方針を示すなど、国立にも多様な能力を評価しようという流れにはなっている。ところが、今度は、総合型選抜の対策を指南する専門塾や予備校が現れるなど、家庭の経済力が、子どもの受験を左右する構図は変わってはいない。

出身地や家計、文化・社会的背景が学歴や学力などに影響することは「教育格差」と呼ばれている。上野氏は「子どもが努力できる環境に恵まれるかどうかは、経済的な格差によってほぼ決まってしまう」と指摘し、大学で無償の奨学金制度を充実するよう求めた。

国会では２０２５年から与野党が高校授業料の無償化について協議を本格化させた。家計の負担軽減がクローズアップされがちだが、生まれながらの格差が子どもの教育機会をどう奪っているかを洗い出し、いかに解消するかという幅広い議論が必要だ。

第4章

夢や情熱がなくても生きていける

大空幸星

NPO法人「あなたのいばしょ」元理事長

大空幸星 おおぞら・こうき

1998年、松山市生まれ。郁文館グローバル高校出身、慶応大総合政策学部卒。慶応大在学中の2020年、「望まない孤独」の根絶を目的にNPO法人「あなたのいばしょ」を設立。国内外のボランティアの協力を得ることで、インターネットを利用した年中無休、無料のチャット相談を実現して注目された。孤独・自殺対策をテーマに活動し、こども家庭審議会（首相の諮問機関）こどもの居場所部会で委員も務めた。テレビでコメンテーターを務めるなどマスメディアにも活躍の幅を広げ、24年10月の衆院選では自民党の候補者として東京15区から出馬。比例代表で復活当選した。著書に『望まない孤独』（扶桑社新書）など。

2024年衆院選の最年少当選者は、24時間体制であらゆる悩みについてチャット相談を受けるNPO法人「あなたのいばしょ」(東京都港区)を設立した25歳の大空幸星《こうき》氏だった。子ども時代は家庭崩壊がきっかけで不登校となり、自殺すら考えたものの、学校教員との出会いに救われたという経験を持っている。インタビューでは、過去最多を更新し続けている小中学生の不登校について「必ずしも悲観的になる数字ではありません」と語った。田原がその真意に迫る。

〈インタビューは2024年2月6日、東京都千代田区の毎日新聞東京本社で〉

家庭崩壊、小学生で昼夜逆転の生活に

田原　小中学生で不登校になり、自殺も考えたそうですね。

大空　両親はけんかが絶えず、小学5年の時に母が家を出ていきました。厳格だったはずの父の様子が変わり、2人暮らしになって衝突を繰り返しました。

私は、暴力や暴言を受けないかと、不安で昼夜逆転の生活になり、学校に行かなくなりました。「死にたい」と考えるようになり、食欲もなくなって体調を崩し、入院しました。

窮状を聞きつけたのか、行方知れずの母から連絡がありました。再婚して名字も変わっていましたが、上京して母と暮らし始めました。

でも、母と再婚相手は仕事で家を空けていたので、家でひとりぼっちでした。

高校生でヤングケアラーに

大空　高校進学後、母は持病を悪化させて仕事を失いました。再婚相手とも離婚し、ずっと家にいるようになります。私が母のケアも全部やることになりました。いわゆる「ヤングケアラー」（大人に代わり家族の介護や世話を迫られる若者）です。

家計を支えるためにアルバイトも多い時で三つ掛け持っていたので、高校には5、6時間目ぐらいに行くことも多かったんです。

でも、弱みを見せたくなくて、友達とも何もなかったように接し、普通の高校生を演じていました。3年生になると精神的に限界を迎え、退学しようと思った時、担任の先生が救ってくれました。

「この人に頼れば何とかなる」という安心感

田原　どういうことですか？

大空　夜中の3時ごろ先生に、家の状況とともに、「死にたい」「学校をやめるかもしれない」といった長文のメールを送ったら、翌朝、自宅に駆けつけてくれました。

先生は、出席日数の足りない僕が卒業できるように無理してくれましたし、アルバイトも校則で禁止でしたが、見て見ぬふりをしてくれていたようです。

高校にもう1年通う経済力も気力もなく、先生は「このままでは死んでしまう」と思っていたそうです。

先生は「過去を悲観するのではなく、これからの人生をどう生きるか決めなさい」と言ってくれました。

もちろん、家庭の問題は何も解決していません。でも、先生と出会ったことで、「この人に頼れば何とかなる」って安心感を得ることができたんです。これで僕は救われました。

田原　学校教員は、家庭や子どもにとって、セーフティーネットのような存在だったのかもしれませんね。

大空　よくプライベートにまで踏み込んでくれましたよね。僕の場合なら、私有の携帯電話の番号も教えてくれました。「何かあったら頼っていい」と示してくれたんです。それがとてもありがたかった。

田原　いざという時に、話せる相手がいるってことがですよね。

金八先生に代わる存在が必要

大空　今の学校現場はそういう状況ではなくなってきました。「話せる相手」としての教師像は、教師自身も求めてないかもしれないし、生徒たちも「先生に相

談したところでねえ……」といった感じで、必ずしも尊敬の対象としていません。
　文部科学省は、教員によるわいせつ行為を予防するため、児童生徒とSNS（ネット交流サービス）で私的なやりとりを禁じるよう求める通知を出しています。「そこまで禁止するのか」とびっくりしました。
　さらに公立校教員の長時間労働が問題化しているため、文科省や教育委員会は、子どもたちの人生相談の役割を押し付けないとの立場です。
　長時間労働で苦しんでいる先生たちがいるのは事実ですし、是正しなければなりません。

その一方で、(テレビドラマの)「3年B組金八先生」の担任のような人に救われた子どもたちは僕も含めて少なくありません。

働き方改革などで消えてしまった金八先生に代わる存在を、子どもたちに示さねばならないと思います。

学校外の人材になるのかもしれませんが、学校現場はNPOなど外部の人間と子どもたちを接触させることに及び腰です。

何かトラブルが起きた時に責任が取れないので、校内で完結したくなってしまうようですね。

「無理して学校に行かなくていい」

田原　不登校の小中学生は2022年度に過去最多の29万9048人となり、10年連続で増えました。文科省の調査では、その理由の半数超を「無気力、不安」が占めますが、詳細はよく分かっていません。なぜ不登校が増えるのでしょう。

大空　必ずしも悲観的になる数字ではありません。これまで我慢して学校に通っていた子どもたちが「無理して学校に行かなくてもいい」と思えるようになったことで、おのずと数が増えたのです。

不登校の子どもを支援している人たちの努力もあり、「教室に戻そう」といった学校側の考え方も変わってきました。

ただ、そもそも学校に行きたくない子どもたちを増やしてしまった責任の所在は非常に不明確です。

僕も不登校だったので分かりますが、小学校を1週間休んだだけでも勉強についていけなくなります。その遅れは中学、高校での生活や大学進学にまで響いてきます。

不登校によって背負うハンディは小さくないのです。

公立学校にフリースクール的な機能を

大空　日本社会の価値観は多様化しているように見えて、「いい大学に入って、いい会社に入る」という考え方は根強く残っています。一流大学を視野に、小学校低学年から塾に通っている子どもも珍しくはありません。

不登校のまま育った子どもたちが「いい大学」や「いい会社」にたどり着くのは難しい。大人になってから、不登校になった後のキャリア形成ができなかったことに苦しんで、「なぜ、あの時、引きずってでも、学校に連れて行ってくれなかったんだ」と言う人さえいるほどです。

だから、学校に行かなくても、学びが保障されて、希望する進路を歩めるような環境を整えなければなりません。不登校を巡る議論は、ここを着地点にすべきだと思います。

田原　不登校の子どもが学べる環境は整っていないのですね。

大空　国の制度づくりは不登校の増加に追いついていません。民間のフリースクールも、地方などで探すのは大変です。

オンラインで学校の授業を受ける仕組みはできつつありますが、これが不登校対策の主流になると、友達をつくったり、ケンカをしたり、恋愛をしたりといった体験はなくなってしまいます。

僕はチャットで悩み相談に乗るＮＰＯを運営していますので、オンラインの力は否定しません。

しかし、学校は長い時間をかけて子どもたちが体験を紡ぐ場所です。最初はオンラインで授業を受けたとしても、いずれは学びの場に戻ったほうがよい。

だから、津々浦々にある公立学校にフリースクール的な機能を持たせたらいいのです。

公教育の中でも、教室の決められた席に座り、同級生と横一列で授業を受けるのではない学びの場を作るべきだと思います。

両者の年の差は64歳。インタビューが若者の生き方や仕事の捉え方に及ぶと、世代間ギャップが浮き彫りになった。田原は日本の高度成長期に青年時

代を送り、信念の赴くままにテレビマン、ジャーナリストとして大成功を収めただけに、若者は夢を持つべきだと主張する。だが、大空氏は「それはマッチョな考え方だ」とさらりと切り返し、こうも反論した。「夢はなくても、ちゃんと生きていける」。

教職課程には改革の余地がある

田原　不登校になった子どもの4割が校内外で相談も、指導も受けられていないそうです。子どもたちも親や教師に相談しにくいのでは？

大空　大人たちは、不登校になった子どもがどうすればいいか分からないんです。先日もある校長会に呼ばれましたが、「子どもにどう接したらいいか分からない」との声を聞きました。

世の中の変化も激しく、社会で大きな流れになったポリコレ（ポリティカルコレクトネスの略、「政治的正しさ」の意味）などへの配慮も強く求められる中で、先生たちが持つノウハウや経験が通用しなくなってしまったんですね。

大学の教職課程を見ても、改革の余地があります。学校の先生になると、「虐待を見つけろ」「いじめを止めろ」「自殺を防げ」と言われます。

でも、大半の人は社会福祉などに携わった経験がないのです。学生時代に、福祉の現場でボランティアをしながら、知識やノウハウを身につけてもよいと思います。

田原　僕は一生をかけてやるほど好きなことを、子どもが見つけられるようにするのが教育ではないかと思っていますが、どうでしょう？

大空　本来はそうあるべきなのかもしれ

ません。

でも、今の子どもたちは「好きなことを見つけなさい」「やりたいことを探しなさい」と言われて悩んでいます。

大人たちが、子どもが好きなことを見つけられる教育の仕組みを持っていないにもかかわらずです。子どもたちは、そのギャップに苦しめられているのです。

生きていること自体が素晴らしい

田原 大学生にどんな企業に就職したいかを聞いたある調査では、「安定している」「自分のやりたい仕事ができる」「給料の良い」がトップ3でした。必ずしもやりたい仕事で選んでいるわけではなく、これでよいのかと思ってしまいます。

大空 それはちょっとマッチョな考え方です。僕は大学生の回答はまともだと思います。一生かけてやりたいことや夢はなくても、ちゃんと生きてはいけるんです。

この価値観がもう少し世間の支持を得てほしい。生きていること自体が素晴らしいじゃないですか。

誰もが大リーグの大谷翔平さんのようにキラキラした生き方はできません。夢を追い求めて生きられる人は素晴らしいと思います。

でも、全ての人がそうではなくて、社会の理不尽な現実を前に、夢を持てなかったり、やりたいことが見つからなかったりしたときに「やっぱり自分は駄目なんだ」と思わせることになります。

「自己責任論」の中で育った親たち

大空　また、今の子どもたちの親は、いわゆる「自己責任論」が広がった2000年前後に思春期や青年期を過ごした世代が多いと思います。
第2次ベビーブームもあり受験戦争は激しく、就職も氷河期で、いい企業に行けなかったら「自分が悪い」「能力がない」と思わされてきた世代が子育てをしているので、子どもたちも自己責任や自己否定のループに入っています。
田原　一度しかない人生なので自分のやりたいこと、好きなことをやった方がいいと思いますが。

大空　その言葉は、不登校の子どもたちには響かないと思います。30万人近くの子どもたちが、学校に行くために家から一歩出るだけでも、しんどいといった状況にあるのです。

自分の心がある程度満たされた状態になり、田原さんのように社会に物を申すとか、情熱を持って生きるというアクションを初めて取れるわけです。

不登校の子どもたちへの接し方が分からない先生たちも、どこかマッチョなのではないでしょうか。

みんなが夢や情熱があって生きるべきだと考え、自分もそういう思いを持って生きてきたとすれば、不登校や自殺に至る子どもたちの気持ちはなかなか理解できないと思います。

子どもの自殺が増えている原因とは？

田原　国の統計では、全年代の自殺者数は22年に2万1881人で、ピークだった03年より約1万2500人減っています。しかし、小中高校生の自殺者数に絞ると過去最多の514人で、約200人も増えています。原因をどう見ますか？

大空　一つは新型コロナウイルス禍の影響だと思います。コロナ禍が本格化した20年は499人で前年より100人も増えました。この年の春の「全国一斉休校」で、親も子どもも生活リズムが狂いました。

ただ、一斉休校の前から子どもの自殺は増加傾向が続いていました。でも、しっかりと調査されないので、増加の原因がはっきりしないのです。

ただし、子どもの自殺でも、いじめを巡るケースについては原因の究明がなされます。

これは11年に大津市の中学2年の男子生徒がいじめを苦に自殺したのをきっかけに制定された「いじめ防止対策推進法」が調査を義務づけているからです。

ストーリー性がなくても自殺について調査すべきだ

大空　いじめは自殺と違って、加害者が必ず存在し、ある意味でストーリー性があります。テレビのワイドショーでも取り上げられ、多くの人が心を動かされます。

でも、これは科学的な動機付けではありません。

子どもの自殺に歯止めがかからず、年に５００人を超える子どもが亡くなっているのですから、たとえストーリー性がなくても、子どもの自殺について、しっかり調査すべきだと思います。

対策も不十分です。不登校、いじめ、自殺などの相談先は、子どもがあまり使わない電話や対面がメインになっています。だからＳＯＳが出しにくいのです。

子どもたちの生活習慣や価値観と、大人が提供している支援に大きなギャップがあるんです。

田原　子どもの自殺や不登校に効果的な手が打てないのはなぜでしょう？

大空　子ども目線の政策ではないからです。25歳の僕だって、正直なところ、今の中高生の価値観は分かりません。だから大人たちは「分からない」という前提に立たねばなりません。

でも、政策決定に携わる人たちの多くは、「自分たちは子どものことをよく分かっている」と錯覚しているようです。だから出てくる対策や支援が的外れになってしまうのです。

大空氏は、田原のインタビューで「大人たち」が講じた不登校対策の欠陥をいくつも浮かび上がらせた。小中学生で不登校を経験し、大学生になってからは、悩み相談の事業に携わってきた現場感覚の強さゆえであろう。

文科省が、このインタビューの約9カ月後に発表した23年度の調査結果によると、小中学生の不登校は前年度よりさらに4万7434人増えて、34万6482人となり、30万人を突破している。「不登校」は、病気や経済的理由ではない要因で年間30日以上登校しない状態を指す。

不登校の要因は、いじめとイコールだと考えられがちだが、実態はよく分かっていない。文科省は、22年度の調査で、主たる要因として「無気力、不安」や「生活リズムの乱れ、あそび、非行」などを挙げた。だが、これは教員が調査に対して、主観的に要因を答えたものであり、子どもとの間に認識の食い違いがあるとも指摘されていた。

このため、文科省は23年度の調査では客観性を重視し、教員が把握した事実を選択肢の中から複数選んでもらう形式に変えた。結果は「学校生活に対してやる気が出ないなどの相談」（32・2％）、「不安・抑うつの相談」（23・1％）、「学業の不振や頻繁な宿題の未提出が見られた」（15・2％）などが続き、前回と似通った傾向になった。「いじめ被害の情報や相談があった」は1・3％だった。

10年前の3倍近くに不登校が増えた背景には「無理に学校に行かせなくてもよい」といった意識が社会に広がった影響も大きいとされる。近年は、多様性や人権感覚がより一層重視される流れになっているだけに、自然な流れといえるのかもしれない。かつて不登校は「登校拒否」とも呼ばれ、蔑視の目ですら見られていた。先生や親たちが、子どもの手を無理やり引っ張るようにして、必死に学校に戻そうとする意識が根強くあった。

大空氏もインタビューでは、学校や親たちが登校を強いなくなったことに理解を示している。とはいえ、社会の価値観は多様化しているように見えるだけで、学歴主義などは存在し続けており、不登校になった子どものキャリア形成は保障されず、ここに大人たちの「無責任」が潜むと批判している。

学校に行かなくなった子どもの受け皿は不十分だ。行政の取り組みを挙げれば、国は児童生徒に合わせてカリキュラムを組める「学びの多様化学校」を全国に作るとするが、24年時点で35校にとどまる。学校内の空き教室などで不登校になった子どもをサポートする「校内教育支援センター」は公立小中学校の46・1％（24年7月時点）に置かれているが、地域によってばらつきがあるのが現状だ。不登校になった子どもの約4割は、学内外でカウンセラーや民間団体などによる専門的な指導や相談を受けていないことも分かっている。

大空氏は、教員の働き方改革やポリコレへの配慮といった民主的な取り組みの反作用として、社会の安全弁が失われる実態にも警鐘を鳴らした。プライベートに踏み込むような熱血教師が消えることで、居場所をなくす子どもが増えるといった指摘だ。人権や多様性を尊重する社会は大切だが、その影で社会にひずみが生まれているとの問題提起は貴重だと思う。教育のカテゴリーにとどまらず、あらゆる分野で再検証が必要になるだろう。

第5章

貧困家庭から東大に合格した私の教育論

泉房穂

前兵庫県明石市長

泉房穂　いずみ・ふさほ

1963年、兵庫県明石市生まれ。県立明石西高校出身、東大教育学部卒。NHKディレクターなどを経て、1997年に弁護士となった。2003年の衆院選兵庫2区で民主党から立候補し、比例代表で復活当選した。05年9月の選挙で落選後は明石で弁護士事務所を再開し、11年に明石市長就任。「高校生までの医療費」「第2子以降の保育料」「中学校の給食費」「子どもの公共施設入場料」「0歳児のおむつ」の「五つの無料化」が全国的に注目された。一方、事業や情報発信のあり方を巡り市議会と対立。22年10月、議会運営を巡って市議らに威圧的発言をした責任を取って3期目の任期満了の翌年4月に退任した。社会福祉士。柔道3段。著書に『社会の変え方』(ライツ社)など。

前兵庫県明石市長、泉房穂氏は3期12年の在任中、手厚い子育て支援策が高い評価を得た一方で、問題発言が相次ぎ、全国で知られるようになった人物だ。市長引退後は地方選で支援した候補者が相次いで当選し、テレビのバラエティや情報番組にも積極的に出演している。政界復帰を見据える中で、泉氏は教育改革にも強いこだわりを見せている。田原がその理由に迫ると、辛酸をなめた10歳の体験から猛烈な熱量で語り始めた。

〈インタビューは2024年4月22日、東京都千代田区の毎日新聞東京本社で〉

家族が養護学校を選ばなかったのは

田原　経済的に貧しい子ども時代だったそうですね。脳性小児まひがある4歳下の弟さんを地元小学校の普通学級に通わせるため、泉さんが一緒に登下校していたとも聞きました。なぜ、養護学校（現在の特別支援学校）を選ばなかったのですか？

泉 家族にとって、地元の小学校に通うのは自然なことでした。両親の母校で、私も通っていたんですから。

弟は2歳のときに医師から「一生立てません」と言われました。旧優生保護法（1948〜96年）の下で、障害者らへ強制的な不妊手術が行われているような時代で、おかんは「起立不能」の診断書が出た時には無理心中を図ったそうです。

でも、弟は4歳で立ち、5歳で歩きだしたんです。家族で「6歳の小学校入学に間に合った」と喜びました。それでも歩きにくさはあるので、遠くにある養護学校よりも、近くの小学校が便利に決まっています。

トイレで教科書を入れ替えていた

泉 だが、市側は「そんなに足が悪いのだったら、電車やバスに乗って遠くの養護学校に行ってください」との立場でした。

障害のある弟が普通学級にいたら、他の子どもたちの迷惑になると考えたのでしょう。

掛け合った結果、地元に通うのなら「送り迎えは家族がする」「何があっても行政を訴えない」という条件を出されました。

おやじも、おかんも午前2時半から漁で家を空けています。でも、条件をのむしかなく、10歳の私が弟に付き添って登下校しました。

よちよち歩きの弟に空のランドセルを背負わせ、手を引きながら私が2人分の教科書を背負いました。校門近くのトイレで教科書を入れ替え、教室に送り出しました。

悔しい思いもありましたが、弟は普通学級に通ったことで健常者の中でも気負わず生きられるようになれた。

弟は今も小学校の友達と交流があります。「自分は障害者だ」という感覚があまりなく、消防団にも入っていました。「走れないけど、できることもあるからいい」と思っていたようです。

特別支援学校を望む親も増えているが

田原　障害のある子も、ない子も同じ場で学ぶ「インクルーシブ教育」を実践する自治体も出てきました。ただ、子どもが十分なサポートを受けられる特別支援学校に通わせたい保護者も増えています。

泉　障害を持つ全ての子どもにとって、普通学級に通うのが良いとは思っていません。障害が重く医療的ケアが大変なので家庭で学ぶことを望むケースもあります。

特別支援学校や通級指導（普通学級に在籍しながら別室などで特別な授業を受ける）を希望する人もいれば、私の弟のように、普通学級で健常者と一緒に学ぶことを望む家庭もあります。

選択権の保障が大切です。つまり当事者とその家族が選べる環境をつくることです。私が市長になってからは、明石市では本人や親御さんの意思をできる限り尊重しました。

環境整備のためには、先生の数も増やしていいと思っています。でも市長時代にもどかしかったのが教育行政です。市立小中学校でも教職員の人事権など多くの権限を、県教育委員会が握っていて、市側が柔軟に対応しにくいのです。
子どもや親御さんたちの近くにいる市に権限を委譲してもらえれば、取り組みを一気に進められたと思っています。

10歳で「理不尽で冷たい世の中を変えよう」と決めた

田原　厳しい家庭環境でありながら、泉さんはどうやって東大への現役合格をつかんだのですか？

泉　ものすごい使命感で勉強しました。10歳の時には、理不尽で冷たい世の中を変えようと決めていました。東大に行ったら、きっと賢い仲間が見つかり、そのための力をつけられると考えていたんです。
大学受験する時、家の年収は１００万円台でした。両親とも貧乏漁師の家に生まれ、ともに午前2時半から働いても、私の家のおかずは十分じゃなかった。幼いころは洗濯機すらありません。人は頑張ったから報われるわけじゃないと思いました。

塾通いの発想はありませんし、根性だけで合格したのかもしれません。受験直前は、海で溺れかけて悲鳴を上げる人を助けに行く自分を思い浮かべました。眠くて目をこすりながら勉強している自分が寝てしまったら「助かる命が助からない」とイメージしたんです。当時は、どうかしていたのかもしれませんが、「この瞬間、自分が一番勉強しているんだ」との自信は持っていました。

東大生家庭は年収950万円以上が4割

田原　東大の学生は富裕な家庭が多いですよね。東大の調査を見ると、世帯年収が「950万円以上」と答えた学生は4割を超えています。

泉　私は給付型の奨学金をもらえましたし、入学金や授業料は払わずにすみました。一方、周りの学生は全く生き様が違っていて驚きました。

彼らは、塾通いであったり、家庭教師をつけてもらったりして入学していました。物事を要領よくこなすことはできるのですが、思考が十分に働いていないように感じたんです。

現状を変えたり、発展させたりするにはどうすればいいのかという想像力にも欠けているんです。

こうした学生たちが「賢い」と言われて中央省庁に入り、日本を仕切っているのなら、我が家が受けたような理不尽への想像力も働かないし、こういう流れが社会の中心になるからダメなんだと思いました。

頑張っても報われる人の方が少ない

泉　恵まれた環境で生きてきた人たちは「頑張って報われないのは努力が足りないからだ」と思いがちです。
でも、私はいくら頑張ったところで報われる人の方が少ないと思っています。報われるためには、頑張れるだけの環境を持てる親の経済力とか、いろんな要素がある。そこを抜きに自由競争の名の下で、自己責任にするのは間違っていると思います。

田原　「教育格差」をなくすにはどうすればよいでしょうか？

泉　子どもや教育にかける予算を３倍にすべきです。日本は教育にかける公的予算が少なく、例えば大学など高等教育にかかる費用の私的負担割合はＯＥＣＤ（経済協力開発機構）の加盟国平均が31％なのに対し、日本は67％にも上っています。

小中学生への公的支援は広がりつつある一方、高校生がいる家庭は谷間です。家計が苦しくて塾通いできないと、大学受験はかなり不利です。

経済格差が影響しないよう授業料や入学金を免除したり、奨学金を組み合わせたりして支援すべきです。

日本の疲弊は子どもへの投資不足から

泉　日本がこんなに疲弊しているのは子どもや教育に十分な予算を投じないからです。市長時代、明石駅前の再開発ビルに子どもの遊び場や図書館を入れました。

ここだと他の街で遊ぶより何千円か得なので、近くでごはんを食べますし、子ども服も買います。こうして駅前の人の流れが変わって商店街も活性化していま す。

親たちは、子どもにお金をかけたいけど使えるお金がない。だから少し余裕が生まれると、お金が回るようになるんです。子どもに投資すれば、即効性がある形で地域経済が回ります。

男女ともに生涯賃金が2億円を超える人は少なくありません。将来的に子どもたちはかなりのお金を使ってくれるのです。行政が手厚い支援をしたとしても、嫌な言い方ですが、長期的にもペイできます。

泉氏のバイタリティーは半端ではなく、大きな身ぶり手ぶりを交えながら、マシンガンのように話し続けた。世間体や常識にとらわれない泉氏は、日本の教育予算を一気に3倍にする持論も開陳。「大人も子どもも対等」との考えから、子どもへの期待やリスペクトは強く、出直しの明石市長選でも、家族会議の投票で出馬を認めてもらったことを明かした。

日本の教育予算が少ない理由

田原　経済的にも波及効果があるのに、なぜ、日本の教育予算は少ないんでしょう？

泉　元々、日本はいわゆるムラ社会で子どもの面倒は家族やムラが見てきた風土があるからです。障害がある子どもが生まれたり、家庭が貧しかったりしても、地域の農作業や漁業を手伝えば食べてもいけた。

お上も「家族のことは家族でやってください」という意識になり、そのために子どもや障害者は親の持ち物という価値観が残ってしまっています。だから児童虐待は後を絶ちませんし、一人親家庭で貧しくても親の責任で育ててくださいとなるわけです。

でも、日本もかつてのような大家族ではなく、核家族やサラリーマン社会が主流になりました。ヨーロッパのように行政が一人親家庭や障害を持った人たちを手厚く支援する社会にしなければならないのです。

「協調性がない」と通信簿に書かれた

田原　日本は「正解のない問題」を出す教育をやっておらず、創造的な人材を生み出せていないというのが僕の問題意識です。

だから、正解のない問題について議論する場である国際会議で、日本の政治家はあまり発言できない。

泉　私は小学校時代、先生から通信簿に「協調性がない」「先生の言うことを聞きましょう」と書かれていました。先生の言うことが１００％正しいわけではないので「それって違うよね」と思うんです。

でも、教師は顔を潰されてしまうので「泉君、言わないで」ってなる。こんな教育では、物事に疑問を感じないまま与えられたことを受け入れるだけの人が育ってしまいます。

18世紀のフランスの思想家、ジャン・ジャック・ルソーは「子どもの発見者」と言われています。それまで子どもという概念がなく、過渡期にある人として尊重されていませんでした。

でも、ルソーは未熟でも中途半端な人でもなく、「子ども」として尊重すべきだとの考え方なんです。

しかし、日本ではルソーの思想が浸透せずに子どもの権利はないがしろにされ、2016年に児童福祉法が改正されるまでは、法的に位置付けられませんでした。

ただ、今も子どもの意見表明権はあまり尊重されておらず、大人の意見やルールに従う存在です。教育現場はその傾向が強く、「子ども一人一人の意見を尊重すれば、組織が成り立たなくなる」と考えられています。

実は子どもたちの裁量はない

田原　昔は全てが「ねばならない」でしたが、今は子どもに「自由でいい」と言い過ぎているのでは?
泉　昔は「こうじゃなきゃいけない」と言われる分だけ、逆に「大人が責任をとってね」とも言いやすかった。今は「何でもいいよ」と言われているのに、実際はちょっとしたことでもアウトとされた上に、自己責任を押し付けられがちです。

実は子どもたちの裁量はないんです。

子どもの権利や個性はしっかりと認められていませんし、教育現場は権力者にとって都合の良い人材の供給源なんだという考え方が根強く残っています。

教育とは、そんなものではなくて、一人一人の生きる力や夢をかなえる力を育むものなんです。

でも、子どものうちから夢を持たなければいけないとは思いません。私は変わり者なので、10歳で「故郷を優しい街に変えよう」という人生の目標を決めましたが、これは超少数派であることは自覚しています。

自分のための政策でもある

泉　ただ、変わり者の私も受け入れてくれる社会であってほしい。だから私がやってきた少数者のための政策は、実は自分のためでもあるんです。

「1人ぐらいなら取り残してもいい」となれば、私は社会からはじかれてしまう

し、足が不自由な私の弟も市側にそういう考え方があったので、地元の小学校に行くことを当初は許されなかったわけです。

いろいろ生き方があってよくて、「こうじゃなきゃいけない」というわけではありません。若い人は、志を持ってもいいですし、持てないことを悔やむことなんかなくて、いろんな人生があっていいと思います。

田原　自身の子育てでも親の考えを押し付けなかったのですか？

泉　親子は身近な存在でありながらも別人格なので、価値観を押し付けてはならないと思っています。おやじも「お前のしたいことをさせるのが夢だ」というのが口癖でした。

私自身は、長女や長男とは3歳から中学に入るまで、毎朝5時半からの1時間は一緒に過ごすと決めていました。夜は仕事で出歩いていて接点を持てなかったからです。

幼いころは一緒に積み木やドリルをやりました。もう一つは、長女と長男とそれぞれ一対一で春夏秋冬に日帰り旅行をしていました。

「べき論」は避けて、どんな思いで生きてきたかとか、妻とのなれそめや両親に対する思いなどを話しました。子どもがどう感じたかわかりません。うまくいったかどうかもわかりません。

家族の賛成2、反対1、白票1

田原　市長在任中、道路用地買収が進まないことに腹を立て、市職員に暴言を吐いて批判されたこともありましたね。我が子の反応は？

泉　全国ニュースにもなって、家族には大変な思いをさせてしまいました。当時は、長女が中学生、長男が小学生でした。学校でもいろいろと話題になったそうです。

私の出直し市長選挙を求める署名が市内で始まり、出馬するかどうかを悩みました。

妻は「家族4人で決を採るから」と言って、19年3月の出馬表明の前は、晩ご飯を食べた後に家族会議をやりました。

「申し訳ないことをしてしまったけれど、署名までいただいて、もう一回、やり残したこともあるから市長に戻りたいのでお願いします」って言ったら、妻は「私は反対」って即答しました。

でも、妻にかぶせるように長男が「クラスでもいろいろ言われているけど、これで終わったら嫌だから、もう一度、市長になって、ちゃんとやってほしい」と。これで賛否は2対1になりました。

長女が何を言うかと思っていたら、しばらく間を置いて「私も学校でいろいろあるから、嫌な思いもある。でも、パパが出たい気持ちもわかるから白票」って言いました。

賛成2、反対1、白票1になり、結局、妻が立候補を許してくれました。

私の1票も、子どもの1票も同じ重みです。私の根っこの部分には「大人も子どもも対等だ」という考えがあります。

第3章でも触れたが、「教育格差」という言葉がある。親の学歴や職業、世帯収入、出身地といった、本人にはどうしようもない「生まれ」が学力や学歴に影響するという概念だ。泉氏へのインタビューでも、東大生が経済的に豊かな家庭に育っていたケースが多いことが話題になったが、これを教育格差がもたらした象徴例として紹介されることが多い。

教育格差に似た概念として「体験格差」というものがある。保護者の経済力や居住地により、子どもの学校外での体験活動に差が生じ、その後の成長にも影響を与えるとの考え方だ。

子どもの貧困の解消などを目指す公益社団法人「チャンス・フォー・チルドレン」が2022年、小学生がいる世帯の保護者を対象に「体験格差」を調べた。2097件の有効回答を分析したところ、世帯年収300万円未満の家庭にいる子どもの29・9%が直近1年を通じ、習い事や旅行、動物園・博物館へ訪問といった学校外の体験活動をしていなかったことが判明した。一方、世帯年収600万円以上では11・3%にとどまっている。また、こうした体験活動への支出額は、世帯年収600万円以上は年間10万6674円に上ったのに対し、年収300万円未満では3万8363円にとどまった。

首都圏でブームとなっている中学受験や最難関大に挑戦するとなれば、塾や予備校のサポートは、ほぼ最低条件になっており、家計に余裕がある家の子どもが有利に立つことができる。この点で、困窮世帯に育ちながらも東大に現役合格した泉氏は異色の存在だ。常人離れしたバイタリティーで、生まれを乗り越えて合格をつかんだだけに、多くの人にとっては受験対策としての参考には、あまりならないかもしれない。

ただ、塾なしで東大に現役合格という離れ業を成し遂げた泉氏でも、大学は給付型の奨学金など公的な支援があって卒業できたとする。つまり「教育格差」は個人の努力では覆すことは難しく、泉氏は「教育予算を３倍に」というフレーズで、強く公的支援の充実を訴えているのだ。

泉氏は、子育てを「ムラ社会」が担ってきたと説き、こうした風土が「子どもの教育費は家庭が負担すべきだ」との考え方が社会に根強く残っていることにもつながっている。

文部科学省の世論調査では、２０２２年に「大学などは、社会に出るための準備であるから、学費は家庭（保護者など）が負担することを原則とした制度とすべきだ」との考え方について、最も近い考え方を聞いたところ、半数が「そう思う」（「とてもそう思う」10・１％、「そう思う」が40・１％）と答えた。日本で教育の公的負担が低い理由には、こうした国民の意識も影響しているとみられる。

子どもに教育を受けさせたリターンは、親や家庭が受けると捉えられがちだ。だが、泉氏は子どもへの投資が経済活発化など社会全体に恩恵があると考え、明石市長時代に子育てや教育に公費を積極投入した。全国で注目された泉氏の子育て施策は、日本の教育風土へのアンチテーゼだったといえる。

第6章

東大で「落ちこぼれた」私が人工流れ星に挑むまで

岡島礼奈

宇宙ベンチャー「ALE」社長

岡島礼奈 おかじま・れな

1979年、鳥取県生まれ。県立鳥取西高校出身、東京大大学院理学系研究科天文学専攻博士課程修了。理学博士。2008年にゴールドマン・サックス証券入社。11年に宇宙ベンチャー「ALE」を創業した。文部科学省オープンイノベーション共創会議や経済産業省未来人材会議で委員も務めた。ALEの「スカイキャンバス事業」は小型人工衛星から高度約400キロで金属の粒(直径約1センチ)を放って大気圏に突入させ、狙った場所に流れ星を作り出すもの。19年に打ち上げた人工衛星1、2号機が動作不良などを起こしたことから、今後、打ち上げ予定の3号機での実現を目指している。

宇宙ベンチャー「ALE（エール）」（本社・東京都港区）の創業者であり、社長を務めている岡島礼奈氏は人工的に流れ星を作る世界初の事業に挑んでいる。生まれ育った鳥取県で1年の浪人生活を経て、入学した東京大では天文学を研究していたが、意外にも大学時代は「落ちこぼれだった」という。岡島氏は東大生らしからぬ自己表現で当時を振り返りながら、「自分はあほうである」と開き直ったことで、宇宙への道を大きく開いていったと明かした。

〈インタビューは2024年6月24日、東京都港区のALE本社で〉

「浮いてるね」と言われた中高生時代

田原　数年以内に人工流れ星の実現を目指されています。小型人工衛星から約1センチの金属の粒を放って、大気圏で燃え尽きる球が流れ星となるそうですね。そもそも岡島さんは天文や宇宙になぜ興味を持ったのですか？

岡島　中学生の時、車椅子の物理学者として知られたスティーブン・ホーキング博士の『ホーキング、宇宙を語る』という本を読んで興味を持ったんです。

宇宙は点に過ぎないような存在だったのが、ビッグバンで生まれたとか、ブラックホールがあるとか、想像を超えたようなところが、とても面白かった。

星がきれいに見える鳥取で育ったことも影響しています。

田原　中高生時代はどんな子どもだったのですか？

岡島　周りからは「浮いているね」って、よく言われていました。修学旅行でみんなが団体行動している時に、1人でどこかへ行ってしまうこともありました。でも、意図的ではなく、直しようもありませんでしたね（笑）。

人と違うことをやることを嫌う人も多いようですが、私は「人と違っている方が面白い」くらいに思っています。

これまで優しい人たちに恵まれて、「岡島さんは、浮いているタイプだから」といった感じで、ほどよく放っておいてくれたことには感謝しています。

「同調しなきゃいけない」という日本人の欠点

田原　日本人の欠点は「同調しなきゃいけない」という思いが強いことだと思います。

でも、同調圧力によって、一度しかない人生で何がしたかったのか、見つからないまま終わる人も多い。僕は人生をかけて何をしたいかを見つける力を養うのが、教育だと思っています。

岡島　うちの子も学校で「協調性がない」って言われ、窮屈そうだなあと思っています。ただ、昔の学校よりも個性をしっかり認めようという雰囲気になってきたとは思います。

学校の先生も、さまざまな個性に対応するのは大変です。もちろん協調性が大切な場面もたくさんあります。例えば、災害時の避難所運営で過度に個性を出されても困ってしまいますよね。

ホーキング博士の本が理解できるようになるかも

田原　鳥取の高校からなぜ東大を目指したのですか？

岡島　家計に余裕がなく、まずは国立大学を選ぶ必要がありました。

また、ホーキング博士の本は難しくて、理解できない部分も多かったのですが、大学で宇宙を学べば、理解できるようになるかもしれないと考えていたんです。

でも、その頃は地元の国立大では、宇宙を学べそうにはなくて、いろいろと話を聞いていると、東大なら多くの予算を持っていて、研究に有利なことがわかりました。

地方にありがちな閉塞感やピアプレッシャー（同調圧力）も苦手で、地元を離れたかった気持ちもありました。

女性だからというのもあるのかもしれませんが、少し変わったことをすると、みんなのうわさになってしまうんです。

受験勉強は「事務手続き」の感覚だった

田原　地方の高校から東大に入るのは、とても大変だったのではないですか？東京など大都市圏は予備校も充実していて、東大の合格者も多いです。

岡島　大都会と地方の間には、受験準備に限らず、環境面でだいぶ格差がありました。

今ではインターネットが発達して情報の格差は縮まっていますが、例えば本屋さんの規模や数ですよね。

ただ、鳥取では海や山でたくさん過ごせたことで自然に興味を持てたことは良かったと思います。自然科学に興味を抱くきっかけになり、今の仕事にもつながっていますね。

東大には現役で合格できず、1年の浪人生活を送りました。当時、鳥取の高校には「専攻科」というのがあり、浪人生が1年間、受験指導を受けることができました。

これとは別に塾に通いながら、東大合格者の体験談を集めた本を読み、その人たちがすすめている参考書を買いました。

大学入試は、答えのある問題しか出ないので、パターンを覚える事務手続きのような感覚で解いていきました。

「バッハって、数学的だよね」

田原　東大に入ってから何を感じましたか？

岡島　やっぱり、東大生はすごいなあと。

地方と東京の格差も感じました。東京などの中高一貫校から東大に入ってきた人たちからは、金銭的にも、心理的にも余裕を感じました。

「バッハって、数学的だよね」といった会話を笑顔で話しているのを、衝撃を受けながら聞いていたことを覚えています。私は田舎から来た庶民なのでバッハが数学的だなんて考えたこともなく、何の話をしているのかもよくわかりませんでした。

一方、私のような地方の公立高校出身者からは、これまでの受験勉強で疲れてしまい、入学時には、ゼーゼーと息切れしているような印象を受けました。今、都会にある名門の中高一貫校は5年で全てのカリキュラムを終え、高3の1年間は受験勉強に没頭できるともいいます。

中学受験の現実を描いた『二月の勝者』という漫画があるのですが、敏腕の塾講師が「中学受験は特急の指定席券」というような説明をするんです。中高一貫校に入ることができれば、最短で、着実に志望の大学に行ける可能性が高いという意味です。だから、私のような場合は鈍行列車を乗り継いで来た感じなのかもしれませんね。

東大では勉強に全然ついていけず、落ちこぼれていきました。周りの学生との差を感じ、東大生の王道である大企業に入るという道についても「こりゃないなあ」とあきらめていました。

周りに頼ることを覚えた

田原　大学をやめようとは思わなかったんですか？

岡島　落ちこぼれからは抜け出せないと思ったので「自分はあほうである」と開き直ることにしました。

そういうキャラを確立して、「授業が全然わからないからノートを写させてほしい」「これを教えてください」というふうに、とにかく周りに頼ることを覚えました。

みんな親切でめちゃくちゃ助けてくれましたね。

東大において「自分はあほうである」と開き直る人はレアです。

みんな自分ができないことは認めたくない。これまで神童のように扱われてきたのに、いきなり大学に入って普通以下になるわけですから。

あほうになることにプライドが許さない人がいて、「大変そうだな」と思って見ていました。

元々、私は能力にでこぼこがあり、できないことも多かったので、あまりプライドは持っていませんでした。

「できない」を認めると個性になる

岡島　確かにできるようになるための努力はしないとダメだとは思います。けれども「できない」ということを全面的に認めると、それが個性になるんです。

できないキャラで突っ走ることは、今の仕事にも生きていると思っています。できないことは人に頼んでしまうので、さまざまな方とコラボレーションしやすいですし、一緒にプロジェクトがやりやすい。あほうになったメリットだったと思います。

田原　僕も、自分は不器用で、才能がない人間だと思っています。

でも、逆にそれを武器にしてきたんです。取材や記者会見では「こんなことを質問したら、みっともないんじゃないか」と思って、みんなで躊躇することがよくあります。僕は元々、才能がないんだから、何を聞いても、みっともないとは思わない。

世の中には、専門用語などを使ってわかったふりをする人が多いんです。だから「わからない」「普通の言葉で説明してほしい」と徹底的に質問すると、専門家でも答えられない人はいます。

専門用語によって都合の悪いことがごまかされてしまって、社会に危険が及ぶこともあります。僕は素朴に疑問をぶつけることで社会を良くしたいと思っています。

岡島氏は東大で博士号を取り、米金融大手の日本法人を経て宇宙ベンチャーを創業した、まぶしいほどの経歴だ。でも、実際に会うと自身を「落ちこぼれ」とさらりと言ってしまうほど飾らず、柔らかな物腰の人物だった。インタビューの後半では、天文学とは畑違いにも見える金融業界に入った理由などを振り返りながら、偏差値などでは測れない「頭の良さ」についても語った。

天文学からなぜゴールドマンに？

田原　天文学を専攻したのに、どうして大学院を出た後に外資系のゴールドマン・サックス証券に就職したんですか？

岡島　大学での研究はビッグバン以降、膨張している宇宙がどうなるかを観測的に理解するのがテーマでした。でも在学中から研究者に向いていないと思うことが多くありました。

同級生は、私とは脳の構造が違うのではないかと思うほど頭の回転が良いし、彼らは食事の時もみんなで楽しそうに研究の話をしていました。

でも、私は寝食を忘れて研究に没頭できるほど興味はなかった。

「いつか研究職に向いていると思う日が来るだろう」と頑張っていたのですが、結局は「この道は違うな」ってわかりました。

科学の世界にお金の流れを作る

岡島　生涯を通して科学に貢献したいとは思っています。科学の歩みが止まってしまうと、文明自体が止まってしまいます。イノベーションが起きるときは、科学が必要になるのです。

でも、科学ってすごくお金がかかるんです。粒子加速器や天文台を作るのだってそうです。予算を取るのは大変なんですが、天文の人でも、基本は宇宙の勉強をしたいから、ビジネスにはあまり興味がないんです。

そこで私は研究者ではなく、科学の世界にお金の流れを作ることで貢献しようと考えました。

ゴールドマン・サックスには、資本主義のど真ん中で何が起きているのかを調べるようなイメージで入社しました。

でも、入社1年でやめることになりました。２００８年9月にリーマン・ショックが起きて、所属していた部署が大幅に縮小されたんです。

学生時代にＩＴ系の会社を起業した経験もあったので、11年にまずは自宅のリビングをオフィスに、今の会社をスタートさせました。

エンタメっぽさで科学に貢献

岡島　人工の流れ星は学生時代から考えていたことです。小型人工衛星から、流れ星のもととなる直径約1センチの金属の粒を放出するのですが、他の人工衛星に粒が当たらないよう、緻密な計算をして安全性も担保しました。

流れ星を作り出すと同時に、これまで得られなかった大気のデータを収集し、天気予報の精度向上や中長期の気候変動メカニズムの解明などに貢献することもできます。

エンターテインメントっぽく利益を出しながらも、科学にも貢献するというモデルを作りたいのです。

田原　日本の学校は「正解ある問題」を出す教育ばかりやっていて、創造的な人材を生み出せていないのが問題だと僕は考えています。

政治家も正解を答えないとダメだと思っているので、国際会議でもあまり発言できません。世界は正解のない問題にあふれていますから。

岡島　テレビで東大生を集めたクイズ番組があります。エンターテインメントとしては楽しいですが、能力のある学生たちが、答えのある問題だけを解くことを競っている構図はあまり好きになれません。

正解がある問題は、言い換えれば白か黒しかありません。でも、本来、世の中の物事は多面的で、グレーであることが多い。白でもなく、黒でもない、という答えも導き出せるような教育が必要だと思います。

日本の教育も少しずつ変わってきているとは思います。最近、私立中学の入試問題を見たのですが、いろんな学校が答えのない問題を解かせています。例えば、面白いと思う生物の特徴を使って、新しい製品を考えるといった問題もありました。

ただ、教育格差の一つでもあると思います。

こうした私立中に進む選択肢があり、そこに行ける人たちは充実した教育を受けられる一方で、正解のある問題だけ解かせたり、かけ算の順番が違うから減点にしたりといった教育はまだまだあります。

人間の強みは迷うこと

田原　世の中には人工知能（ＡＩ）に人間がやる仕事が奪われるとの危機感があります。でも、僕はそうは思いません。人間の強みは迷うことです。ＡＩは迷わないけど、人間は迷うから、たくさんの失敗をしながらもいろんなことを見つけていきます。岡島さんも迷いましたか？

岡島　特に20代は迷走していたと思っています。いろいろなことに手を出し、これでもない、あれでもないという感じでした。でも、やっとこの会社を作ったことで「ああこれだ」と目指すものが定まりました。

人工の流れ星は、技術的には完成しています。でも、19年に宇宙航空研究開発機構（ＪＡＸＡ）の小型ロケット「イプシロン」４号機などで打ち上げた小型人工衛星がうまく動かなくて、空では実現していません。

やはり失敗の多い人生ですね。

女子枠は「いい機会」とポジティブに捉える

田原　日本は理工系学部を中心に大学入試の「女子枠」が広がり、女性の登用を掲げる企業も増えています。ジェンダーバランスを確保する動きをどう見ていますか？

岡島　女子枠はあっていいと思っています。推測ですが、私がゴールドマン・サックス証券に入れたのもアファーマティブ・アクション（積極的差別是正措置）であったと思っています。

また、パネルディスカッションによくお招きいただくのですが、これもパネリストに女性を一定数そろえたいのが理由ではないかと思っています。「私の話が聞きたいのか、女子だから呼ばれているのか、どっちかわかんないな」と思いつつも、「まあ、いい機会だから」と思ってポジティブに捉えています。

理系に女子が少ない理由には、女子が少ない場所で学ぶのが怖いと感じて敬遠するケースもあるようです。また、私の経験で言えば「東大の女はかわいくない」「女子は数学苦手でしょ」とも散々言われました。そういうネガティブな言葉がなくなるだけでも、状況は変わってくるのではないでしょうか。

そして、アファーマティブ・アクションを始めた外資系の企業で何が起きたかというと、「あの会社に行けば女子も活躍できるんだ」と思ってもらえるので、やる気のある人が集まるんです。

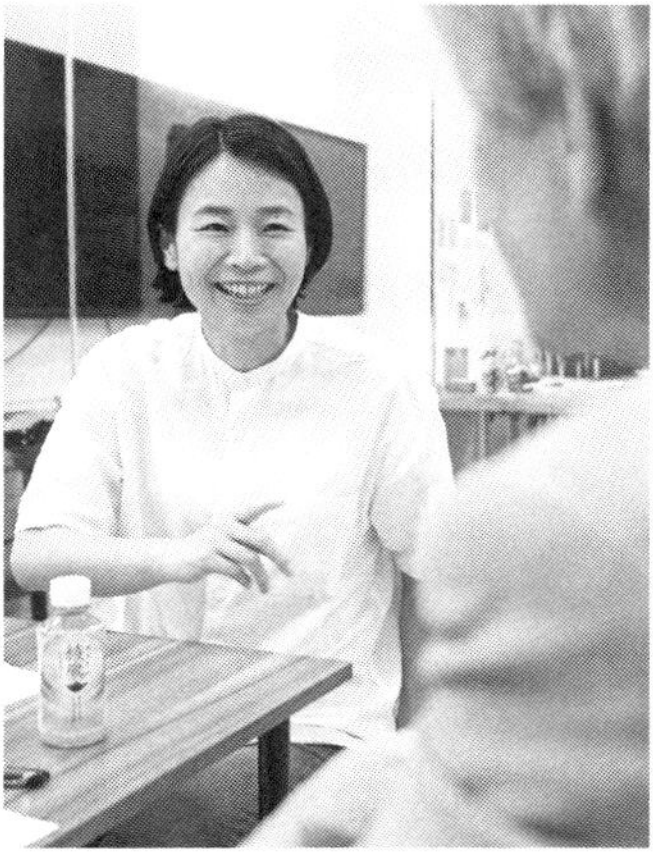

一方で私が就職活動をしていたときも「女性登用」を掲げているのに、役員に男性しかいない会社が結構ありました。そうなれば「ここでは活躍できないな」と思われてしまいます。役員の男女比を見ると、その企業の本気度がわかります。いずれにせよ、活躍したい人が集まってくるという効果はあ

るので、やってみた方がいいと思います。

企業にせよ、大学にせよ、入り口は広くしておいて、要所要所で仕事ぶりや勉強ぶりをきちんと確認し、男女問わずフェアな評価をすればいいだけのことだと思います。今までは、能力がある女性であっても、「女性だから」という理由で、能力のない男性が選ばれたことがいっぱいあったと思います。でも、これから起きてくるのは、会社で言えば、男女を問わず「できない上司がいるぞ」って、部下に指摘されるような社会なんだと思います。

しし座流星群で浮かんだアイデア

田原　いわゆる「頭の良さ」とは何だと思いますか？

岡島　創造力、想像力、問いを立てる力、だと思います。未来をつくる創造力は必要でしょう。私は得意ではありませんが、人間関係であれば相手に物事をお願いするときに、どういうお願いの仕方をしたら、快く引き受けてもらえるかを考える想像力も大切になります。

人工流れ星は、天文学を学んでいる同級生たちと01年のしし座流星群を見ていたときに「そもそも流れ星って、小さなちりなんだから作れるんじゃないの」としゃべっていたことから生まれました。天文を学んでいる人なら、みんな考えたことがあるのかもしれません。実は、すごいアイデアというわけではないんですけど、これも創造力だったのかもしれません。

田原　これから何をやりたいですか?

岡島　まずは人工流れ星を成功させて、科学にお金が流れるようにするノウハウを確立したいと思います。また、漠然としたイメージですが、そのノウハウを生かして、科学の発展に資する研究所も作れればいいと考えています。もちろん、科学のことをもっと知りたいという知的好奇心もあります。

岡島氏は東大入学後に出会った東京の中高一貫校出身者から、金銭的、心理的な余裕を察して「地方と東京の格差も感じた」と振り返っている。大学受験を巡って、東京圏と地方出身者の間に格差があることを物語る一つのエ

ピソードであろう。

受験関係者の間では、かねて「東京界隈の高校生は、大学受験で優位だ」と認識されてきたが、印象論のレベルにとどまる部分も多かった。そこで毎日新聞社会部の教育担当記者たちは「教育格差」がもたらす問題の一つとして、最難関大の合格者数からその優位性を検証している。

「サンデー毎日」や教育専門通信社「大学通信」が毎年実施する高校への調査などを基に合格者数を分析した結果、難関とされる国立の旧帝国7大学に合格した東京圏（埼玉、千葉、東京、神奈川）の高校出身者が2008～23年度の15年間で1・68倍に急増していたことが判明した。合格者に占める割合でも11・7％から8・4ポイント増の20・1％に増えていた。東大以外の地方6帝大で、東京圏の高校出身者が合格者数を伸ばしたことが大きく影響している。

一方、私立大で最難関とされる早稲田大と慶応大は24年度までの15年間で、いずれも6割強から7割半ばへと増えていたことが分かっている。

こうした現象の背景の一つにあるのが東京圏での受験熱の高まりだ。地域的に高所得者が集まる傾向にあり、親たちも高学歴であるケースが多く、子どもの進学にも投資を惜しまない人たちが目立つ。その一つが東京圏で高まる中学受験熱であり、実は大学受験での「東京圏優位」と無関係ではない。

中学受験ブームがなぜ起きたのかをひもといてみると、文部科学省の学習指導要領の改定によって、２００２年度から「ゆとり教育」が本格化したことに端を発する。それまでの「詰め込み教育」の反省から、完全学校週５日制が完全実施され、学習内容もスリム化された。

だが、03、06年の国際学力テスト（ＰＩＳＡ）で日本の成績が急落すると、政府内にも衝撃が走り、保護者も我が子の学力向上を求めることになった。進学に熱心な保護者の間ではとりわけ危機感が高まり、東京圏では学習の進度が早く、内容もレベルが高い傾向がある私立の中高一貫校などを受験するトレンドが生じていった。

さらに東京都や神奈川県は00年代に入って、進学などに力を入れる私学の動きに対抗するため、特定の公立高校を進学の「重点校」に指定し、受験指導を強化した。東京圏は塾や予備校のサポートも手厚く、こうして難関大の合格実績が上がっていくのだ。

東京大が2023年度に実施した「学生生活実態調査」によると、世帯年収が「950万円以上」と答えた学部学生は4割を超え、「分からない」を除くと過半数を占める。出身校については「中高一貫型の私立学校」が43・5%、「公立中等教育学校」が14・1、「国立（大学付属）」が5・8%などで相当数が「中学受験」を経たとみられる。

第7章

学校にレールは敷かず、生き抜く力を育てる

よぎ
茨城県立土浦第一高校・付属中学校長

よぎ　プラニク・ヨゲンドラ

1977年、インド・ムンバイ近郊生まれ。同国プネ大学在学中に物理のほか、ITや日本語も学ぶ。プネ大大学院修士（経済学）。97年に留学生として初来日し、2012年に日本国籍を取得した。グローバルIT企業、みずほ銀行や楽天銀行などを経て、19年に立憲民主党公認で江戸川区議に立候補し、5番目に多い6477票を得て初当選した。任期途中の21年に東京都議選に出馬したものの、落選。22年4月に茨城県立土浦第一高校・付属中学校副校長、23年4月には校長に就いた。茨城県教育委員会による中高一貫校の校長公募に応じたもので、1673人の中からよぎ氏を含む3人が選ばれている。全日本インド人協会会長。著書に『日本に導かれた運命』（白水社）。江戸川区東葛西で、母と共にインド家庭料理店「レカ」を経営している。

インド出身者で初めて日本の議員になったプラニク・ヨゲンドラ（愛称よぎ）氏は、明治30（1897）年創立の伝統校で、東京大にも2桁の合格者を出している茨城県の名門・県立土浦第一高校で民間人校長を務めている。日本の学校について「サバイバルの教育ではない」と指摘。IT企業やメガバンクでの豊富な経験がありながらも、学校運営では「できるだけレールは敷きたくない」とワンマン校長化を否定する。田原はその真意に迫ろうと、よぎ氏が来日したきっかけから探り始めた。

〈インタビューは2024年8月5日、茨城県土浦市の県立土浦第一高校で〉

訳の分からないヘビのような文字

田原　日本とのつながりはどう生まれたのですか？

よぎ　1994年、大学入学時に外国語として、ドイツ語、フランス語、ロシア語、日本語の中から選択することができました。父親に相談したところ、全く知らない言葉を学んだ方が面白いはずだということになり、日本語を選んだのです。「訳の分からないヘビのような文字だ」と話したことを今でも覚えています。

そういう単純な理由で私は日本とつながりました。

当初は留学を考えたこともなく、日本のことは何も知りませんでしたが、先生は、「教室にいたい」「日本語を学びたい」という気持ちを湧かせる指導をしてくれました。お陰で日本語がどんどん好きになり、自分の言葉のようになりました。その後、97年と99年に国費で日本に留学しました。

田原　やがて日本国籍まで取ることになりますね。

よぎ　2001年からITエンジニアとして日本で働き始めました。お客さんとのコミュニケーションが日本語でうまくできたので、順調に仕事を続けることができました。

でも、何年か暮らしていると、役所の対応などに課題を感じ社会活動を始めたんです。行政が発信する情報の多くは、日本語だったので、地域の外国人向けに翻訳したり、日本語教室や日本の生活で必要なマナーの講習会を開いたりしました。

東日本大震災が人生の転機になった

よぎ　そんな時に11年の東日本大震災が発生しました。周りの外国人は怖くなって、次々と帰国したのに、私はそんな気にならなかった。

当時、みずほ銀行に勤めながら、東京都江戸川区にある住宅団地で役員をしていました。地震が発生した夜は各世帯を回って、安否確認をしたり、ガスを再開したり、倒れた家具を起こしたりしました。インド人たちと被災地に食料を持っていったこともあります。

日本が好きになっていたのだと思います。落ち着いて考えた時に「もうこの国の一員なんだ」と感じました。大人として物事を考える年代になった時に日本にいたのも大きかったです。

就労ビザで働いていても、「自分の人生を生きていない」と感じていました。アパートの小さな部屋を借りてベッドすら買わず、レンタル生活をしているような気分でした。

日本国籍を取り自分の居場所を定めようと思ってインドの母に電話したら「思うようにやりなさい。応援しているから」と言ってくれました。

一人息子はイギリスへ留学

田原　どうして日本の学校で校長になったのでしょう?

よぎ　日本国籍を取った時、一人息子は在日インド系インターナショナルスクールに通い、家では英語とインドの言葉で会話していました。ずっと日本で暮らすのなら、日本語ができて、地元に友達がいた方がいいので、公立小学校に転校することにしました。

担任の先生は非常に面倒見が良く、私がシングルパパだという家庭事情もよく分かってくれていました。

先生は私が家に帰る午後7時まで職員室の自分の席の隣に息子を座らせ、漢字の書き取りや熟語を書かせてくれていました。お陰で息子は教科書が読めるようになり、同級生と会話もできるようになりました。

でも、中学校に進むと、丁寧な言葉遣いができないといった理由で、教室の外に立たされたり、部活動に入るのを拒まれたりするようになりました。

入学から2カ月ほどしたある日、私が会社から早く帰って来ると、学校にいるはずの息子が家にいました。

「どうして家にいるの」と聞いても「部活に行かなかった」とあやふやな答えが返ってきます。

そこで学校に電話して事情が分かりました。

言葉遣いと部活に何の関係があるのか理解できませんでした。それでも先生に「私たちは外国出身なので、息子を指導して育ててください」と頼んだのですが、さまざまな形でいじめは続きました。

息子はだんだんと無口になり、中学2年生の時にイギリスの学校に留学することになりました。その後、江戸川区議になったのも日本の学校教育や共生に疑問を感じていたからです。

「正解のある試験」は3分の1でいい

田原　日本の学校の問題を認識し、校長になったということですね。

よぎ　教育のモデルとなるような学校をつくりたいと思っています。息子の中学校での授業を見ると、教科書の内容ですらしっかり教わっておらず、ショックを受けたのも理由の一つです。全国の学校で同じことにはなっていないのかもしれませんが、息子や日本の子どもの未来が心配になりました。

私はＩＴ企業や日本のメガバンクに勤め、管理職も経験しました。ビジネスの世界では満たされた思いがあり、「社会のために」という気持ちが大きくなっていたことも影響しました。

田原　日本では正解のある問いを出す教育が続いてきました。だから、日本の政治家は正解のない問題に向き合う国際会議の場でも、あまり発言できないのだと僕は思っています。

よぎ　正解のある問題を出しがちなのは、やりやすく、説明しやすいからです。

何に基づいて評定をつけたかを突っ込まれたときに、説明できなかったらアウトですからね。

ただ、正解のない問題だけに取り組むだけの学校にしたら、収拾がつかない部分も確かに出てきます。

そこで３分の１は正解のある試験にすればいいと思うんです。さらに３分の１はオープンノートです。授業を受けながら書いたメモを見ながら、応用的な問いに答えてもらいます。残る３分の１はグループ試験です。３、４人で１組となり、問いに対して答えをどう導き出すかの考え方を出し合ってもらいます。考える力や課題解決のスキルを評価するのが狙いです。

長い人生を生き抜く力

よぎ　日本では子どもたちが「こんなこと言っていいのかな」って躊躇しています。例えば、数学の問題で解き方がいくつかある時に、「私が教えた通りの解き方にしなさい」とこだわる先生は多いと思います。でも、インドの先生なら「同じ答えが出ているのだからいいんじゃないか」とこだわらないでしょう。

息子がイギリスに留学後1年で一時帰国した時には、「日本は周りを見ないといけないいけれど、イギリスは自由だ」「隣の人が何を思うかを考える必要はない」と話していました。息子が通ったイギリスの学校で出されたテスト問題も見たのですが、答え方に自由度がありました。授業でも同じようです。

田原 では、日本の学校はどうすればよいでしょう?

よぎ 学校のカリキュラムや教科書は、教師がなかなか変えられません。だからカリキュラムが教育の全てだと捉えるのではなく、探究や課外の時間を使って2割ぐらいは自分たちの領域を作ればいいと思います。

そこで今の教育に欠けている自己分析や課題解決のスキル、専門領域を深める学習などに取り組めばいい。他の進学校の校長先生にもそう訴えています。

今のカリキュラムは知識の詰め込み型で、教科や科目ばかりの世界です。子どもが正解のない問いに対し、どういうふうに考えれば、答えを何となくでも導き出せるかという教育ではない。

これでは長い人生を生き抜く力は付きません。つまりサバイバルのための教育ではないのです。

ある事柄に対し、どんな利害関係者が関わり、おのおのがどう見ているかを知る「関係者分析（ステークホルダー分析）」のスキルも欠けています。ウクライナとロシアを巡る戦争でも、学校で「戦争が起きているのは、どっちが悪いのか」と聞いたら「ロシアが悪い」と多くの先生や生徒が答えるでしょう。単純にそういう情報が手に入ることが多いからです。

生徒に自分の考えを押しつけるべきではない

田原　この戦争の責任の一端は、アメリカにもあると僕は思っています。北大西洋条約機構（ＮＡＴＯ）は、東方にどんどん広がり、ロシアを刺激してしまいました。

よぎ　探究学習の発表会で、土浦一高生の成果を大学教授に批評いただく機会がありました。ある生徒が発表のタイトルに「ロシア・ウクライナ戦争」と書いていたのですが、教授は「ロシアズ・ウォー・オン・ウクライナのはずです。ロシアがウクライナに仕掛けた戦争です」と、その場でタイトルを直させたんです。

これに私は強い違和感を抱きました。

批評というのは、生徒に自分の考えを押しつけるものではないはずです。さまざまな事情を学んだ上で、結論を出すのはあくまで生徒であるべきだと思います。日本の教育は子どもたちを同じハコに入れたがっていると思います。そしてみんなを同じ基準で評価してしまうのです。

日本人はルールがないと生きにくいのか

田原　それは少し違うと思います。政府はそれほど強引ではなく、実は日本人は同じハコに入らないと安心できず、入りたくて入っているのです。

よぎ　それは私も感じます。通路の真ん中に線が引いてあれば、多くの人が線を越えないようにすれ違いながら歩いていきます。でも、線のない通路では結構、乱れていますよね。ルールなき世界では、生きにくいのかなあと思う場面ですね。

江戸川区議を務めていたころによく聞いたのは、住民が役所を訪ねてお願いごとをしても、マニュアルに書かれていないと、なかなか動いてもらえないという課題でした。

本来、役所は住民の課題を解決するところであるはずですよね。

改革を掲げる校長には、自分で新たなレールを敷いてしまい、教員や生徒にはその上を走ってもらおうとする人がいます。でも、私はできるだけレールは敷きたくないと思っています。進むべき方向や手段を示されていないと動けない人を育てたくはないからです。

日本の校長先生は「一匹おおかみ」であることが多いです。学校では校長を立てるあまり、教員からのボトムアップは実現できていません。インドでも校長は強い存在ですが、学校運営は教員みんなが活発に意見を出して動かします。

日本の教員は変革を起こすために必要な時間と材料を持ちづらい現状があるからかもしれません。特に公立学校教員は、部活動の指導などさまざまな業務で忙しすぎます。さらに教育委員会は、教職員の育成に手が回っていないと思います。

よぎ氏は、日本でのビジネス経験の豊富さもあり、海外出身とは思えないほど日本語が流暢で、質問にも細かいニュアンスまでこだわりながら答えた。24年度入試で土浦一高は16人の東大合格者を出し、茨城県内の高校では、県立水戸一高も抑えトップだ。高校が難関大の合格者数を競い合うような状況についても「完全にダメなことだとは思いません」と語った。

難関国公立大は学費が安くてインフラが整っている

田原 高校はどれだけ多くの生徒を難関大に入れるかを競っていませんか？

よぎ 進学校はそうだと思います。でも、それが完全にダメなことだとは思いません。難関大は、教育インフラが整っているケースが多いからです。土浦一高でも先生たちが難関国公立大を薦めるのは、私立大より学費が安くて済むうえにインフラが整っているからです。

年に240人が土浦一高を卒業するとすれば、40人ぐらいは東大に行けるキャパシティを持っています。なぜならば、アンケートで40人ぐらいが東大に行きたいと答えるからです。合格点ではるかに及ばないのに「東大に行きたい」と望む生徒はあまりいません。日本人は周りを見ますし、「お前はアホか」と言われるのを嫌いますから。東大に行きたいという夢を持っているのなら、我々はサポートして送り出してあげたい。

日本において東大は高い研究レベルがあると思います。移民について研究するために、私のところには、さまざまな大学の学生が話を聞きに来ますが、東大や京大の学生の能力は高いと感じています。

大学で研究手法をしっかり学んでいて、準備してきたアンケートの内容もその並び方も段違いにいいのです。いろんな文献を読み、趣旨も理解しています。

もちろん、今の大学入試制度には不満ですし、東大などの名門校に選択肢を絞ることがいいとは思いません。海外も含めていろんな分野の大学にも生徒を送り出すべきだと思います。

「理論と実践が融合すべきだ」

田原　インドと日本の教育で大きな差はどこでしょう？

よぎ　まず、インドでは言語教育は基本的に小中学校で終えています。一方、日本では高校になっても、多くの時間を国語や英語に割いています。他の学問に振り向けることができれば、もっと専門的な知識とスキルを身につけられるはずです。課題分析をしたり、分析の方法論を学べたりするようにもなる。生徒は全く違った人生の流れに乗れると思います。

二つ目は高校の勉強量が多いことです。小学校では、道理道徳やグループで動くことに時間を費やし、中学校で各教科の学びのギアを少し上げます。でも、小中学校のしわ寄せで、高校で学ばねばならないことが増えていると思います。インドは逆です。日本の高校1、2年で学ぶ化学や数学も中学校で終えていることが多い。その代わりに高校では実験や実践にたくさんの時間を費やします。

教科書で理論は学んでいても、なかなか実践はできないものですよね。逆に、実践があっても、教科書で理論を学んでいないと、深くて確かな学びにつながり

郵便はがき

おそれいりますが 切手を お貼りください。

102-8790

東京都千代田区
九段南1-6-17
毎日新聞出版
営業本部 営業部行

		ご記入日：西暦　　年　　月　　日
フリガナ		男　性・女　性 その他・回答しない
氏　　名		歳
住　　所	〒　　- TEL　　(　　　)	
メールアドレス		

ご希望の方はチェックを入れてください

毎日新聞出版からのお知らせ ………… ☐

毎日新聞社からのお知らせ(毎日情報メール) … ☐

毎日新聞出版の新刊や書籍に関する情報、イベントなどのご案内ほか、毎日新聞社のシンポジウム・セミナーなどのイベント情報、商品券・招待券、お得なプレゼント情報やサービスをご案内いたします。

ご記入いただいた個人情報は、(1)商品・サービスの改良、利便性向上など、業務の遂行及び業務に関するご案内(2)書籍をはじめとした商品・サービスの配送・提供、(3)商品・サービスのご案内という利用目的の範囲内で使わせていただきます。以上にご同意の上、ご送付ください。個人情報取り扱いについて、詳しくは毎日新聞出版及び毎日新聞社の公式サイトをご確認ください。

本アンケート(ご意見・ご感想やメルマガのご希望など)はインターネットからも受け付けております。右記二次元コードからアクセスください。
※毎日新聞出版公式サイト(URL)からもアクセスいただけます。

この度はご購読ありがとうございます。アンケートにご協力お願いします。

本のタイトル

●本書を何でお知りになりましたか？（◯をお付けください。複数回答可）

1.書店店頭　　2.ネット書店
3.広告を見て（新聞／雑誌名　　　　　　）
4.書評を見て（新聞／雑誌名　　　　　　）
5.人にすすめられて
6.テレビ／ラジオで（番組名　　　　　　）
7.その他（　　　　　　）

●購入のきっかけは何ですか?（◯をお付けください。複数回答可）

1.著者のファンだから
2.新聞連載を読んで面白かったから
3.人にすすめられたから
4.タイトル・表紙が気に入ったから
5.テーマ・内容に興味があったから
6.店頭で目に留まったから
7.SNSやクチコミを見て
8.電子書籍で購入できたから
9.その他（　　　　　　）

●本書を読んでのご感想やご意見をお聞かせください。

※パソコンやスマートフォンなどからでもご感想・ご意見を募集しております。
詳しくは、本ハガキのオモテ面をご覧ください。

●上記のご感想・ご意見を本書のPRに使用してもよろしいですか?

1. 可　　**2. 匿名で可**　　**3. 不可**

ません。学びは理論と実践が融合しなくてはいけない。
日本では「文理融合」も勘違いされているように感じます。たくさんの教科や科目を勉強させて生徒の深い学びの意欲をそいでしまい、ゼネラリストになる方向になっています。

足りていない「思いやり教育」

田原　直近の調査によると、文科省の全国の小中高などでのいじめの認知件数は過去最多でした。教育現場には何が必要でしょう？

よぎ　「思いやり教育」が足りていませ

ん。教員と子どもに多様な意見や存在を受け入れる教育を継続していかねばなりません。

日本では周りと違ったことをする生徒がいれば、教員や周りの生徒に叱られます。

これは一般論ですが、部活動で特にそれを感じます。みんな一緒になって排除して、外にばれないようにうまく隠します。企業もそうですが、職員室なら、早く家に帰る先生がいれば周りから「自分たちは何時間も残業しているのに」「こんな先生が居ていいのか」といった不満が出がちです。

ルールを決めたら、その中で行動してほしいのでしょう。幅を持たせてしまうと、収拾がつかなくなるとか、どこまで認めるかの議論をしなければならないとかいう怖さがあるんです。全国で校則を見直そうという動きがありますが、同じ議論が出てきます。

でも、やってみて失敗したら、またやり直せばいいんです。だから制服や髪の色について大人がルールを作るのではなく、子どもたち自身が何が良いのかを判断できる方向に持っていければ良いと思います。

将来の夢を模擬試験が決めている現状

田原　大学生にどんな企業に入りたいかを尋ねた調査では、必ずしもやりたい仕事で選んでいるわけではなく、「安定している」「給料が良い」といった答えも多いようです。これで良いのでしょうか？

よぎ　高校生の場合、将来、何者になりたいか、何をしたいかを決める大きな軸は受験業者がやっている模擬試験の結果にあるのが現状です。どの教科が強いかや志望大学の合格可能性を知って、それで進路を考えます。つまり何がやりたいかという議論ではないんですね。

田原　一度しかない人生です。何がやりたいかをいつ決めるのがいいのでしょうか。

よぎ　それは私にも分かりませんが、自分の適性を考え続けることは必要です。何者になるのかを決めるのは、その時々のインプットに左右されます。私自身も将来の夢は変わり続けてきました。

ただ、いろんなことを勉強しておこうという気持ちはあり、大人になったときにいろんな選択肢が出てきたのはすごく良かった。もちろん、それは物理とか、地歴とか、数学といった国や学校が決めたものではありません。生き抜くために必要なスキルを身につける、もっと自由な学びです。


よぎ氏は、インド出身者で初めて日本の議員（江戸川区議）になって注目されたが、公立高校長に海外出身者が就くのも、極めて異例のことだ。さらに赴任先が茨城県で東大合格者数が県内トップの伝統校だったのは教育関係者に驚きをもって受け止められた。よぎ氏のそんな転身は日本の学校で長男がいじめに遭っていたのがきっかけだ。学校のいじめは、親の人生すら変えるほどの苦しみをもたらしてしまうが、10年以上も増加傾向が続いている。

文部科学省が2023年度に実施した調査によると、全国の国公私立小中学校と高校、特別支援学校で認知されたいじめは、前年度比5万620件増の73万2568件で過去最多だった。13年度が18万5803件だったから、4倍近くに膨らんだ計算になる。だが、あらゆる学校でいじめが野放しになり、無法地帯になっているという状況でもない。

いじめ認知件数の増加は、学校にいじめの積極的な発見を求めた「いじめ防止対策推進法」の施行（2013年）以降、顕著になっている。文科省は「推進法におけるいじめの定義やいじめの積極的な認知に対する理解が広がった」と分析している。つまり、見過ごされてきた「いじめ」を、教員らが見つけられるようになったという説明だ。

この法律は、2011年に大津市の中学2年の男子生徒がいじめを苦に自殺した問題をきっかけに、与野党の議員立法で成立した。いじめを「心理的または物理的な影響を与え、児童らが心身の苦痛を感じている」と幅広く定義し、被害者側の心情を重視。男子生徒の自殺を巡っては、大津市教委や学校の隠蔽体質も問題視されたことから、いじめには学校や行政が組織的に対応するといった責務を定めた。だが、いじめの対応が後手に回っていじめを見逃したり、子どもが不登校や自殺に至ったりするケースは後を絶たない。

いじめの認知件数を分析すると、地域によって差があることが分かる。23年度調査では、児童生徒1000人あたりの件数が都道府県別で最も多かったのは山形県で117・7件。一方、最も少ない長崎県では17・9件だ。常識的に、いじめの発生頻度に極端な地域差が出るとは考えにくいことから、専門家からは、認知件数が少ない地域や学校は、いじめが見過ごされている恐れがあると指摘されている。

いじめ防止法の理解不足を象徴するのが、地域のモデル校となるべき存在の国立大付属学校で相次いで発覚した「重大事態」への対応のまずさだ。同法は①生命や心身、財産に重大な被害が生じた②相当の期間（30日が目安）、学校の欠席を余儀なくされている——疑いがある場合を「重大事態」（23年度は1306件で過去最多）と定義し、学校側が調査や報告をすることを義務づけている。だが、23年4月、茨城大教育学部付属小学校（水戸市）が「重大事態」に認定しながら約1年3カ月にわたり文科省に報告せず、同法に基づく調査もしなかったことが発覚。被害者側は同級生からのいじめがやまず、外部の第三者による調査も求めたが、拒否されていた。発覚後、学校側は一連の対応について「諸制度に対する認識が不足していた」と釈明した。

また、23年6月には東京学芸大附属大泉小学校（東京都練馬区）で、学校側が男子児童へのいじめを把握しながら、組織的対応を怠るなどして児童が不登校になり、転校する事案が毎日新聞の取材で明らかになっている。

文科省も事態を重く見て付属校を置く国立大に対応の徹底を求める通知を出し、14項目のチェックリストまで示し、いじめ防止法にのっとった対応を確認するよう求めた。

ただ、よぎ氏はインタビューで、いじめの底流には、異質な存在を排除しようとする日本社会の体質があるとし、教員と子どもの触れ合いを通じた「思いやり教育」を25年度から導入する予定だ。法やマニュアルによる解決には、限界があると気付かされる視点である。

第8章

コンプレックスが私を歌手に、そして学び直しへ

相川七瀬
歌手

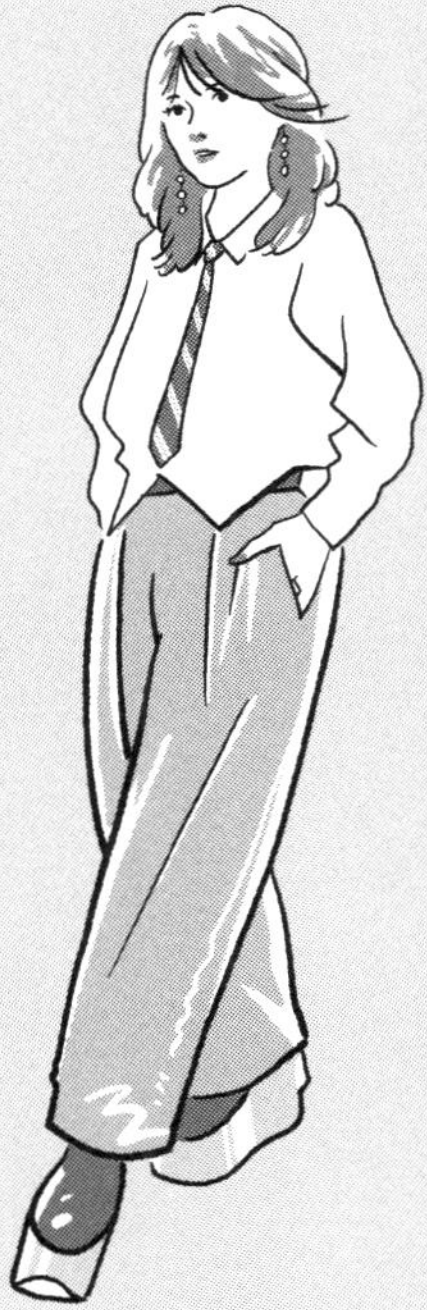

相川七瀬 あいかわ・ななせ

1975年、大阪市生まれ。95年に「夢見る少女じゃいられない」でデビューし、翌年にはNHK紅白歌合戦にも出場した。ファーストアルバム『Red』は270万枚を超える大ヒットとなった。26歳で結婚し、2男1女の母。高卒認定試験を経て、45歳で国学院大学神道文化学部に入学。24年4月に国学院大大学院に進んで民俗学を専攻している。デビュー30周年に向けて、24年11月にミニアルバム『SPARKLE』をリリースした。岡山県総社市、長崎県対馬市、鹿児島県南種子町で「赤米大使」などとして赤米文化の継承活動などを続けている。著書に『太陽と月の結び』（実業之日本社）など。

相川七瀬氏は20歳だった1995年に「夢見る少女じゃいられない」で鮮烈なデビューを果たし、CDのトータルセールスが1200万枚を超えるロック歌手だ。プライベートでは3人の子育てをこなし、2024年の春からは、国学院大大学院で研究生活を始めた。45歳で大学生になった原点には、中学での不登校やコンプレックスがあったという。曲折の歩みを振り返りながら、ライフステージに合わせて変わっていった学びへの思いについても語った。

〈インタビューは2024年10月19日、東京都港区で〉

親に反発した中学時代

田原　中学校時代は長く不登校だったそうですね。

相川　中学で転校したのですが、生活になじめずに不登校になりました。友達ともうまくいかなくて、学校がどんどん遠ざかっていきました。

この時期は、随分と母親に反抗しました。親としては学校に行かせたい、私は行きたくないと毎朝バトルがありました。

「学校に行ってくれたら安心」という思いが親としてあったのかもしれません。

ただ、私にとって学校は、心身ともに安全なところではありませんでした。

母からは、学校で何が起きて、何が嫌なのかを詳しく聞かれたことはありませんでした。

母も相当、悩んでいたと思います。娘が引きこもってしまって学校に行けないと。親に何が問題なのかを話せなかったことは、やっぱり寂しかったですね。

でも、それが私を歌手という全く違う世界に導いてくれた原動力になりました。あの経験がなければ、「この世界から違う場所に行きたい」と、強く願うことはありませんでした。

子どもというのは、親の選択下に生きているので、自分で環境を変えるのが難しい存在です。49年間、生きていて、いろんなつらいことがありましたが、今思い返してもあの時代が一番つらかったと思います。

織田哲郎との出会い

田原　中学3年生でシンガー・ソングライターの織田哲郎さんに出会ったそうですね。

相川　歌手になりたくて、不登校の間もオーディションを受けていました。「私のことを誰も知らない場所へ行けば、生まれ変われるんじゃないか」と考え、とにかく地元の大阪を離れたかったんです。

当時はアイドルのオーディションを受けることは、珍しくなかったので、子どもっぽい考え方なんですけど、「アイドルになって東京に行くしかない」と思っていました。

でも、どれも通らなくて「これで最後だ」と決めていたオーディションで出会ったのが審査員をしていた織田さんでした。

田原　織田さんは、相川さんでイケると思った？

相川　そのオーディションは落ちたんです。織田さんとの出会いの一言は「これ、君の写真じゃないよね」でした。

びっくりして履歴書を見ると、一緒にオーディションに来るはずだった友達の写真でした。私は当日欠席した友達に、履歴書を一緒に出してもらっていたのですが、なぜか2人の写真が入れ替わってしまっていたんですね。

でも、このハプニングがあったことで、織田さんは私を面白い子だなと感じ、印象に残っていたらしいんです。それから1年後に「次のプロジェクトの歌手を探しているから、どうかな」と連絡をくれました。

田原　でも、すぐに歌手にならなかったんですよね?

相川　その頃、少しずつ自分の生活を取り戻していたからです。私は元々通っていた中学に戻り、その後、高校に進学していました。

元の中学では先生たちがよくしてくれて、出席日数が少なかったり、勉強ができなかったりする私をサポートしてくれました。みんなの支えで高校生になれたことを分かっていたので「歌手になりたいとは、今は言えないな」と思っていました。

結局、その時のスカウトは断ったんですが、織田さんは私に電話番号を教えてくれました。

ただ、高校でもやっぱり自分の居場所が分からなくなり、中退することになりました。当時の私は人間関係づくりに課題があったんだと思います。中学と同じようなことを、高校でも経験することになりました。

中退した時、母親が「あれだけ歌手になりたかったんだから、織田さんに電話をしてみたら」と背中を押してくれました。

「学校での人間関係をやり直したい」

田原　20歳で歌手としてデビューしましたね。

相川　デビューまでは織田さんの下で、門下生みたいなことをやりながら、デビューの準備をしました。

デビュー曲は「夢見る少女じゃいられない」という曲で、シングルが30万枚以上、ファーストアルバムはダブルミリオン（２７０万枚超）でした。今思えば、本当にいい時代にデビューさせてもらったなって思います。

ただ、デビュー後も中学、高校でのことは、すごくコンプレックスでした。「高校を出ていない」ということより、友達や他者と上手に付き合えなかったことへのコンプレックスです。

45歳で大学に入ったのも、中高生時代に築けなかった学校での人間関係をやり直したかったという気持ちもありました。

ただ、不登校の過去や学校に関するコンプレックスが私をある意味で歌手にしてくれたし、ここまで導いてくれたんだと思っています。

家庭と仕事の両立はうまくいかなかった

田原　デビュー6年後に結婚されます。子どもを持ちながら、歌手はできましたか？

相川　家庭と仕事の両立は、思うようにはうまくいきませんでした。もどかしかったですね。当時は「子どもがいるんだから女性は仕事をやめてもいい」といった雰囲気が社会にまだまだ残っていました。

田原　45歳のタイミングで大学に入った理由は?

相川　時期は入学の数年前から決めていました。一番下の子どもが小学校2年生ぐらいになれば、子育ても一段落するだろうと考えていたからです。10代は勇気がなくて、20代も30代も子育てなどに追われて大学に行けませんでした。でも、40代になり「この先、年を重ねていっちゃうから、今しかない」って思ったんです。

私は学校で学んでこなかったので、「勉強してみたい」という気持ちがふつふつと湧いてきたことも大きかったです。

田原総一朗のコンプレックス

田原　僕にも大きなコンプレックスがあります。学生時代は作家になるのが夢でしたが、石原慎太郎や大江健三郎の作品を読むと、力の差は明らかでした。同人誌の先輩から「文才のある人が一生懸命にやることを努力と言うけど、君のように才能のない人がやるのは徒労だ」といったことを言われて諦めました。

才能とは何だと考えますか？

相川　好きを追求する気持ち、好きを諦めないことだと思います。私は子どものころから歌が好きでした。若い子なんて、みんな歌が好きなのかもしれません。でも、私は人よりもすごく歌が好きでした。

何かをしようとする時に「君には才能がない」「向いていない」と言われたり、目標を潰されたりしまいそうになったとしても、好きの火を自分で消さないことが大切だなと思います。

「才能がない」と思うのはもったいない

相川　「才能」と「天才」は異なるとも思います。

天才はいると思います。それは天性のもので、音楽の世界で言えば、すごく声が鳴るとか、すごいメロディが浮かんでくるといった人です。そういうミラクルな能力でも、努力によって開花するものだと思います。

だから才能がないと思って諦めるのはもったいない。

それでも、諦めてしまえるものは、自分にとっては、その程度のものだったのかもしれませんよね。実は、もっと違うところに自分が気づいていない、他の才能があるんだと思います。

田原　なぜ国学院大の神道文化学部に進んだのですか？

相川　祖父が地元にある神社の氏子総代をやっていたことがあり、家でもよく神社の話題になっていましたし、祖父母が祈る姿を間近で見てきました。

デビュー後は東京で暮らし始めましたが、疲れた時に行く場所が神社でした。神社に通うようになり、全く知らなかった歴史、古事記や万葉集のことも教わり「日本って奥深く、面白い国だな」と思ったんです。

特に岩や太陽に祈るようなアニミズム的な古くからの価値観が好きです。そして自然と一緒に生きる日本人の精神性を深く知るには、自然をも神としてあがめてきた神道を研究するのがいいと思いました。

祭りを長く続けるための提案をしたい

相川　今は岡山、鹿児島、長崎の一部で栽培が続いている古代米「赤米」の神事を継承する活動に関わっています。もう10年以上続けていますが、過疎や少子高齢化の中で継承できるのか、力の限界を感じることもあります。

例えば、文化庁が認定する「日本遺産」を目指し、赤米の神事が続く岡山、鹿児島、長崎県の2市1町と懸命に方策を考えても、学びが足りず成果が上がらないことがありました。ならば、ちゃんと祭りを勉強してみようと思ったのも、神道が学べる国学院大を選んだ理由です。

田原　具体的にどういう研究をされているんですか?

相川　祭りを支える氏子や町内会といった地域社会の形は崩れてきています。特に地方では、祭りを支える若い世代が都市部に流出していることが原因の一つに挙げられます。一方で、過疎や少子化でも30年後まで祭りを続けられるスキームを持つ集落もあるんです。

絶える祭り、絶えない祭りの理由を調査し、祭りを長く続けるための提案ができればと思います。

相川氏の語り口は、自身の90年代のヒット曲さながらに情熱的でありつつも、笑顔を絶やさず冷静だった。激しい突っ込みで知られる田原も、そのしなやかさに笑みがこぼれるほどだ。インタビューの後半では、国学院大での学び直しで知り合った年の差20歳以上の友人との交流や、親に反発した少女時代を踏まえた子育てについて語っていく。

学び直しで登場人物が変わった

田原 大学での学び直しによって何か変わりましたか?

相川 登場人物が変わりました。これまではミュージシャンや芸能関係の方のコミュニティが私の世界でした。

でも、今は大学があり、私の世界が二つになりました。新しいことを常にやっているので、すごく自分の感覚が若返ったと思います。

40代の自分が長男と同じ年ごろの学生さんに、一生懸命作った研究発表を批判されたり、突っ込まれたりするんです。

面と向かって言われることがとても新鮮で、年齢的にもそんな経験はなかなかできなくなっていますし、私を人間的に成長させてくれていると思います。

著名な先生や研究者の方からも、いろんな話を聞かせてもらえます。世の中は自分の知らないことばかりでできているということも再確認できました。

学び直しによって、いつもとは違う人間関係を持つことができて、物事を俯瞰《ふかん》して見られるようになりました。

家事も、仕事もあり、睡眠時間を削ることが多いのですが、今しかできないことを最大限楽しんでいる感覚があります。

田原　我が子と、大学の友達はどこが違いますか？

相川　息子と同じ年であるという共通点以外は、特に意識したことはありません。

彼らの頑張りを見ているうちに、「頼りないうちの子も私の知らないところで頑張っているのかもな」と思えるようになりました（笑）。若い友達に新しい見方をもらっています。

大学2年で成績トップに

田原　大学2年では学年で成績がトップになったとか。

相川　1年生の頃は新型コロナウイルス禍でオンライン授業ばかりでした。1人で勉強していたので、みんなよりも勉強したという感覚はなかったんです。どうやって勉強するのかも分からない状態だったので、自分ができる範囲で全力投球でした。

曲がりなりにも、私は文章を書き、本も出しているので、自分のリポートが気に入らないと、全部書き直してしまうんです。「そこまでしなくていいのに」とよく言われる意味も分かるんですが、自分のこだわりを貫き、2年生で学年1位になれたのは、本当にうれしかったです。

恵まれていたのは、友達に成績優秀な人たちが多かったことです。しっかりリポートを書き上げるタイプの友達がそばにいたことで、モチベーションも上がりました。

一緒に卒業旅行にも行きました。みんな卒業して各地に散りましたが、地方でやる私のライブを見に来てくれることもあります。

自分の子どもみたいに可愛いし、向こうは、私が親と同じような年齢なんですけど、お姉さんみたいな、友達みたいな、同級生みたいな、何か変な存在なんですね（笑）。

田原　友達とはどんな話をしたんですか？

相川　恋愛の話を聞いたり、就職活動での悩み話を聞いたりしていました。

今はみんな社会人として荒波にもまれて「こんなに大変だとは思わなかった」「心が折れてしまいそう」っていう話も聞きます。

理不尽はいっぱいあるんでしょうが、私も仕事しながら世間でもまれてきたので、それが社会に出るということなんだろうなと思っています。

そんな完璧はエゴでしかない

田原　相川さんはいつも全力投球ですね。でも、多くの人はなかなかできません。それはサボりじゃなくて、失敗が多いと分かっているからです。

相川　確かに私は失敗をあまり恐れないのかもしれません。

ただ、いつも完璧にやりたいと思って自分を追い詰めてしまうところがあるので、「中途半端でもいい」と思うようにしています。

精いっぱいで挑むことに意味があると考えれば、自分を追い詰めなくてすみます。

そもそも完璧って、自分にとってのものであり、受け取ってくださる方にとっての完璧ではありませんよね。そんな完璧はエゴでしかないと思うようにしています。

たまに「自分で自分を焼き尽くすんじゃないか」って思うぐらいにやりたいことが出てくるんです（笑）。どうしようかと思うぐらいに。

田原　やりたいことが見つからない人も多いのに。

相川　好奇心が尽きないからだと思います。行きたいと思った場所には行くし、

見たいと思ったものは見るし、会いたいと思った人には会いたいです。

大人が子どもに育てられる

田原　子どもにやりたいことを見つけさせるのが教育だと僕は思います。でも大学生にどんな企業に入りたいかを尋ねた調査では、「給料が高い」「安定している」といった答えも多く、必ずしもやりたい仕事で選んでいるわけではありません。

相川　学校教育では、記憶させて、そのスコアを競うことが多いので、記憶するのが得意な子どもが勝っていきます。

でも、人生は記憶だけでやっていけるほど単純で甘い世界じゃないですよね。記憶力はＡＩ（人工知能）には勝てないので、そこはもうＡＩに任せ、私たちは考える力を鍛えた方がいいと思います。

田原　母親の立場になって子育てをどう考えますか？　親も学校の先生も子どもを叱らなくなったような気がしますが。

相川　子育てというよりも、大人が子どもに育てられている気がしています。子どももそれぞれ違います。親にいろいろと言われすぎて、壊れてしまう子もいますし、逆に言われないことを寂しく感じる子もいる。

私には子どもが３人いますが、それぞれ違うんです。だから、子どもの個性を私がどれだけ見極められるかにかかっていて、結局はそのための経験値を持っているか、どれだけ寛容になれるかだと思って接しています。

10代の頃、親に理解されずに反発した経験があるので、できるだけ子どもが話しやすい状況を作り、ささいな変化でもキャッチできるようにしています。

私は家族の中でボスみたいな感じになっていますが（笑）、友達みたいな距離感で一緒に過ごすようにしています。

選択はいくらでもある

田原　3人の子どもでどう違うんですか？

相川　全然違います。6歳ずつ離れていて、みんな仲がいいので一緒に出かけもしますが、やっぱり興味は異なって、最終的に行きたい場所って異なってくるんです。なので、私は1人ずつ別々のところへ行くようにもしています。

3人は私とは違います。人生も私じゃなく、彼らのものです。相談には乗れるけれど、手助けできない領域もあります。長男が小学生で不登校になりかけた時は、本人にとってベストな選択は何かを考えました。

一般的には、学校に通ってみんなと共同生活ができた方がハッピーかもしれません。けれど、学校に行くことで、安全ではなくなり、大事なものを失ってしまうのなら、私は行く必要はないし、選択はいくらでもあると考えています。

でも、きっと同じような悩みは社会に出てからも出てくると思うので、長男には、気持ちまで逃げてはいけないということは伝えました。最後は私が解決するのではなく、本人に乗り越えてほしいと祈っていました。

いつまで歌手をやるのか？

田原　相談には乗るけど、指示はしないんですね。

相川　一番上の子が生まれた時は「こうあるべきだ」って思っていました。いろんなことをやらせたり、芸能人の子どもにとって、生きやすい環境ってどこかを過剰に考え、周囲に注目されにくいインターナショナルスクールに入れたりもしました。

でも、それが彼にとっては、重荷になってしまったんです。次男からは「こうあるべきだ」という考えはやめました。小さなことでも、彼らのやりたいって気持ちを否定せず、潰さないようにしてきたつもりです。

田原　歌手はいつまでやるつもりですか？

相川　30代の時は仕事が激減し、歌手をほぼやめている状態で、「このまま終わっていくのかな」と思っていたんですが、その後、また、少しずつ仕事が増えていきました。

コロナ禍の中、デビュー25周年の全国ツアーを私のデビュー時からプロデュースしてくれた織田哲郎さんと回りました。その時に「もう歌手をやめる選択肢はないな」と、自分の中でストンと納得しました。

ロックだからファンの人たちの声を聞きながら歌いたいんです。でも、お客さんは感染防止の制限があり、マスクを着けて、声も上げられず、拍手でしか交流できませんでした。

それでも全国ツアーをやりきり、声ではない拍手の応援をもらったことで、「一生やっていける」っていう確信になったんです。多分、死ぬまで歌うんでしょうね。


——相川氏のインタビューで強く印象に残ったことの一つは、受け答えの的確さだった。具体的なエピソードがあって分かりやすく、過不足なく筋道も通っていて見事なほどだった。

インタビューの現場では、場慣れした著名人や識者であっても、予定外の質問にまで、理路整然と受け答えができる人はさほど多くない。コミュニケーション能力や知識、そして脳内整理の力など複合的な能力が求められるからだ。記者会見で政治家や企業のトップが紙に書かれた想定問答を読み上げることが多いのはこのためで、厳しい言い方をすれば力量不足の裏返しともいえる。

相川氏は元々、高い資質があるのかもしれないが、大学で納得のいかないレポートを一から書き直す情熱と、若い同級生たちの指摘であっても謙虚に耳を傾けられる柔軟な学びによって、知識や論理性をより高めた成果かもしれない。それでいて多くの人を魅了するエンターテイナーの能力も兼ね備え、堅物の学者のような退屈な話にはならないのだ。

では、相川氏のようにいったん社会に出た人が、大学で学び直しているケースは、どのぐらいあるのだろうか。参考値となる文部科学省のまとめ（2

021年）によると、大学の学部入学者のうち25歳以上の割合は1・2％、修士課程入学者のうち30歳以上に割合は9・6％だった。一方で、経済協力開発機構（OECD）の平均を見ると、学部で16・0％、修士で28・7％と日本を大きく上回っている。

OECDは1970年代、就職後も生涯にわたり教育と他の活動（労働、余暇など）を交互に行うことを「リカレント（繰り返す、循環する）教育」として推奨してきたこともあり、ヨーロッパの多くの国では社会人が仕事に生かす知識やスキルを大学などで学び直すという流れができている。一方、日本は実際の仕事を通じた職場教育（オン・ザ・ジョブトレーニング）の文化が根強くある。

「学び直し」は、明確な定義はないものの、仕事に生かす目的ではない学び直しについては「生涯学習」、企業が主導して従業員たちに学び直してもらうことは「リスキリング」と呼ばれることが多いようだ。

近年、日本政府も個人の力を高めることで、労働人口の減少や、社会で急速に進むデジタル化や技術革新に対応すべく、「リカレント教育」を後押ししている。だが、民間研究機関のパーソル総合研究所が23年に実施した調査では、仕事に関する学び直しをしていないと答えた中高年層が8割に上っている。

働き方改革によって多くの企業で休日出勤や深夜に及ぶ残業などは減っている。だが、人手不足などの中、従業員が働きながら学べる環境を十分に整えられる企業は多数派ではない。時間と費用の負担が大きい学び直しのハードルはまだ高いようだ。

第9章

宇宙から地球を眺めたときの人間論

向井千秋
東京理科大学特任副学長

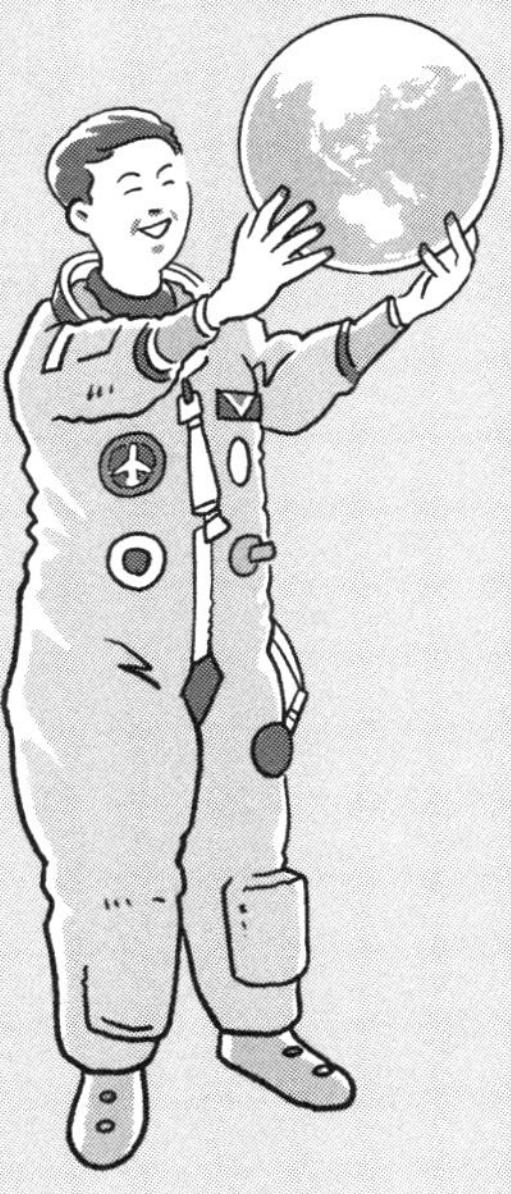

向井千秋 むかい・ちあき

1952年、群馬県館林市生まれ。慶応女子高校出身。77年に慶応大学医学部を卒業し、医師免許を取得した。心臓外科医として慶応病院に勤務後、85年にアジア初の女性宇宙飛行士に選出。94、98年にスペースシャトルに搭乗し、宇宙医学(宇宙と老化現象)や生命科学分野の実験を担った。2012年にJAXA宇宙医学研究センター長、14年に政府の教育再生実行会議委員、15年には東京理科大学副学長に就いた。現在、同大で特任副学長、スペースシステム創造研究センタースペース・コロニーユニット長、ダイバーシティ推進会議議長を務める。医学博士。夫は病理医で、エッセイストの向井万起男さん。

医師の向井千秋氏がアジア初の女性宇宙飛行士に選ばれて注目されたのは40年近く前のことだ。70歳を過ぎた今、東京理科大学で特任副学長としてダイバーシティ（多様性）の推進や宇宙教育を担当している。田原のインタビューでは、自身が道を開いてきた原点には、父が選んだモスグリーンのランドセルにあったと語った。「ジェンダーフリーの家」で育ったという子ども時代は、どんな日々だったのだろうか。約２時間のインタビューは向井氏のユニークで、力強い半生を振り返りながら進んだ。

〈インタビューは2025年2月3日、東京都新宿区の東京理科大学で〉

ランドセルが赤と黒だった時代に…

田原　中学校の理科教員の父とカバン店を営む母に育てられたそうですね。お父さんが、向井さんの小学校入学に合わせて選んだランドセルの色はモスグリーンだったとか。女子のランドセルは赤だった時代ですが？

向井　母のカバン店に、売り物ではなくサンプル品として飾られていたランドセルです。当時、赤や黒以外のランドセルを買う人はほとんどいませんでしたが、春らしい緑色が飾ってあると、店内が明るく見えるじゃないですか。

サンプルなのでタダみたいなものですし、父はグリーンが好きだったようで「あれがいいんじゃない、千秋」と言うんです。

私もすごくきれいな色だと思っていました。

「いつも意識しているのはオンリーな私」

向井　でも、学校ではみんなと同じ色ではないので「背中にガマガエルを背負っている」といじめられました。

もう、嫌で嫌でしょうがなかったんですが、3年生くらいになり「これは世界で私しか持っていないんだ」って思えるようになったんです。「この緑のランドセルって、いいでしょう」って自信を持って周りに言うようになったら、みんながほしがるようになりました。

今も私がいつも意識しているのはユニークネス（独自性）やオンリーな私。その大切さに気付けたのは父のお陰です。

田原　家庭の環境は、その後の学びや向井さんの人生に影響を与えましたか？勉強はどちらが見てくれたのでしょう。

向井　勉強なんか見てもらうことはありません。

学校から帰ったら、家にランドセルを放り投げて、みんなで近くに遊びに行ってました。群馬の田舎に住んでいましたから、缶蹴りをしたり、ドジョウを捕まえたりです。学習塾もなくて、習い事があっても、習字教室やそろばん塾といった時代でした。

両親から「嫁入り道具は一切買えない」

向井　父の給料は多くなかったようで、4人の子どもを育てるために母はカバン店をやっていました。物心がついた時、両親に「うちはお金がないから、あなたがお嫁に行く時に、嫁入り道具は一切買えない」と言われました。

一方で「学費は出すようにするから、自分でやりたいことを探してらっしゃい」とも言うんです。私の洋服なんか穴に継ぎ当てするほど粗末でしたが、子どもの教育については、精いっぱい後押ししてくれました。一生懸命働いて、私が好きだったピアノもやらせてくれましたね。

当時としては、かなりリベラルな人たちだったと思います。夫は「ご主人様」みたいな家も多かったのに、2人は平等な関係で、「喜久男さん」「ミツさん」と下の名前で呼び合っていました。家の食事も手が空いてできる方が作っていました。

男女4人のきょうだいでしたが、両親は「男の子だから」「女の子だから」という考え方もしないので、我が家には、ひな祭りがありませんでした。あるのは「こどもの日」で、5月5日はみんなそろって、こいのぼりをあげたのを覚えています。

インクルーシブな父、起業家のような母

向井　父は中学教員なのに、大好きだった植木等の「スーダラ節」に合わせて「教師なんてものは大したもんじゃない」みたいな歌詞の替え歌を口ずさむ面白い人でした。

また父は、幼いころにぜんそくがあり、学校では普通学級ではなく、ハンディキャップのある子どもたちと一緒に勉強していたようです。その経験からなのか、すごく心の優しい人で、今風に表現すると、インクルーシブ（包摂的）な感覚が身についている人でもありました。

田原　それは素晴らしい両親ですね。

向井　母も今風に表現すれば起業家みたいな存在だったのでしょう。

ししゅうの技術があって巾着にサクラの花や舞妓《まいこ》さんの絵柄を縫うと、進駐軍の人たちがお土産などとしてたくさん買ってくれたそうです。それで3畳1間くらいの狭い場所から巾着を売る店を開き、やがてカバン店として大きくしました。

教育方針は「遊んでもいいけれど……」

向井　性別で区別しない「ジェンダーフリー」の家でしたし、カバン店で働いている人との大家族のようなもので、食事は大皿料理で一緒にとっていました。私もご飯の用意がない友達がいたら「うちおいでよ」と誘っていました。料理は粗末でしたが、みんなでおなかいっぱいご飯を食べていました。日本全体が貧しかったから、そういうふうに富を分かち合っていたんですね。

田原　両親に面倒を見てもらわずに、1人で勉強していたのですか？

向井　うちの教育方針は「遊んでもいいけれど、学校の成績が悪くなったり、宿題をおろそかにしたりはしない」というものでした。私は5歳くらいから始めたスキーがやりたかったので、必死で宿題も、勉強もこなし「この間のテストの点数も良かったから、土日はスキーに行くよ」って出かけていました。

母は、貧しい農家の生まれでしたので、希望していた大学進学はかなわなかったそうです。「女に学問はいらない」っていう時代で、高校を出るのがやっとくらいでしたしね。だから子どもたちは大学に行かせてあげたいと思っていたんで

すね。

母が生まれ育った村では、学校と村長さんの家にしかオルガンがなくて、弾くことはできず、いつも村長さんの家のそばで音を聞いて過ごしていたそうです。子どもが生まれたら、オルガンかピアノを習わせてあげたいと思っていたようです。

将来の夢は早く決めた方がいい？

田原　小学校４年生の時、弟さんの病気がきっかけで将来の夢を決めたそうですね。

向井　弟は三つ年下ですが、大腿骨《だいたい》が変形するペルテス病と診断されました。地元にある整形外科ではうまく治療できず、先生に「東大病院の専門医に診てもらいなさい」と言われました。父と母が弟を抱きかかえ、私は荷物を持って両親の後ろに付いて東大病院に通いました。

弟はペルテスのためにうまく歩けませんでした。子どもって残酷なところがあるので、みんなにいじめられていました。やるせない気持ちになって「困っている人を助けたい」「だったら医者になりたい」と思いました。

田原　それで大学の医学部に進もうと思ったんですね。

向井　将来の夢を早く決めたので、その後の人生は楽だったかもしれません。なぜなら目標に向かえばいいだけだからです。人生で一番つらいのは何に向かえばいいか分からない時だと思います。自分が何者になりたいのか分からない、何を勉強したらいいのか分からない、自分の興味は何かが分からない、と悩んでいる中途半端な時期のことです。

迷う時期が長引くとつらくなる

田原　でも、僕は迷う時期があるのは、人間にとってはとても大事だと思いますが。

向井　迷う時期があるのはいいのですが、その期間が大きく長引くと、つらくなります。

私はよく「幽霊船」で表現しています。

例えば、横浜港から出る船の目的地がニューヨークと決まっていれば、この先、嵐に遭った時のために準備をしておこうともなりますし、航海の途中で方角や天候も確認します。でも、幽霊船のようにどこに行けばよいか分からなければ、横浜港のあたりを漫然とふらついていてすごくつらいと思うんです。

田原　多くの子どもは自分にどんな才能があるのか、何に向いているのか、なかなか分からないと思うのですが。

向井　「博士ちゃん」というテレビ番組を見たことありますか？　大人でも知らないような昭和の歌をよく知っているとか、神社仏閣に詳しいとか、いろんな分野に興味を持っているちびっ子を紹介する番組です。

まずはそういう感じで、自分の向き不向きを知ったらいいと思うんです。学校の科目じゃなくても構いません。ご飯を食べるのも忘れるぐらい好きなことに取り組んで、やり遂げた子は、その興味が変わったとしても、何かを追究するやり方がわかっているので、他のことをやっても伸びていくと思います。幸運にも早い段階で将来の目標が見つかれば、それに進めば良いと思います。でも、縛られる必要はなく、いっぱい選択肢があるわけなので、途中でいくらでも方向転換してもいいんです。

100歳の母は健康食で育った

田原　慶応大医学部時代はスキー部に入って、冬は山にこもるような日々だったそうですね。向井さんは「文武両道が大切」というのが持論とか。

向井　学生時代はスキーばっかりやっていました（笑）。ただ、体は鍛えられる時に鍛えておいたほうがいいと思います。人生は何をやるにしても体が元気でないと不利です。もちろん身体的にハンディキャップがある人を否定しているわけではありません。

ただ、どうしても自分が粘り強くやりたいことがあった時に途中でへたばってしまうよりも、3日間ぐらい徹夜できるような体力はあった方が有利です。根性だって、そういう苦しい時につくものだと思います。

私は心臓外科医として病院にも勤めていました。どんなに優秀でも、どんなにやりたいことがあっても、亡くなっていく患者さんをたくさん見てきたので、やっぱり健康であることが一番だと感じるんです。そしてそれぞれが、自分がやりたいことをやった方がいいと思います。

病気は望んでなるわけではありませんが、自分の能力を引き出せるように、若いうちに体を鍛えて、病気にもならないようにする努力は必要だと思います。

食べ物にも気を配った方がいいと思います。例えば、人の骨密度は20歳ぐらいで最大値を迎えるので、カルシウムもとらねばなりません。

日本は長寿社会で私の母も100歳で元気いっぱいですが、子どものころは粗食だったんです。ただ、貧しかったけれども、田舎で育ったこともあり、つかまえたドジョウやイナゴ、麦飯など意外と体にいいものを食べていたそうです。

ビッグピクチャーが見えやすくなった

田原　なぜ、宇宙飛行士になろうと思ったのですか？　宇宙に2度行かれたことで、考え方は変わりましたか？

向井　俯瞰的にものを考えられるようになり、ビッグピクチャー（物事の全体像）が見えやすくなりました。

地球上で暮らしていれば、どこかで山が噴火していようと、海が温暖化していようと、なかなか気付きにくく、自分には関係のないことのように感じられがちですよね。そうなると何が問題で、どう直したらいいかとも考えないかもしれません。

でも、宇宙という遠い場所から地球を見た時に「私が住んでいた地球は、こんなにも小さく美しいのか」と感じて、もっと全体像を見ていこうという気持ちが湧いてきたんです。

ある問題を解決しようとする時に一部だけ直しても、他の部分にほころびが出てしまうことがありますし、世の中の大きなバランスを見ながら、問題は解決しなければならないという考え方に変わったのです。

トランプ的ビジョンには揺り戻しが来る

向井　地球温暖化の問題では、米国のトランプ大統領はエネルギー価格を下げようとして化石燃料を掘りまくれと言っています。

これは、すごく短期間のビジョンです。2、3年は経済も上向くかもしれませんが、国家百年の計で考えたときに、そんなことをやっていたら、子や孫たちの時代には地球なんか住めなくなってしまうかもしれません。

田原　トランプさんは世界の潮流とは反対のことをしていますね。手っ取り早く結論が出そうなことばかりしようとしています。

向井　でも、私は地球の未来を悲観してはいません。俯瞰して人類の歩みを考えてみたときに、振り子のような動きをしてきたからです。トランプさんがやっていることには、必ず揺り戻しが来ると思います。

第二次世界大戦後、バラバラになっていた世界を一つにしようということで国際連合ができました。でも、新天地は100％いいことばかりではないので、振り子のような原理が働いて再びバラバラになって、それがまた一緒になってということを世界は繰り返しています。

最近はグローバリズムが広がって、世界が共同歩調を取ろうとしたところに、トランプさんのように「〇〇ファースト」などと主張する指導者たちが現れ、自国だけを考える方に振り子が傾いています。

でも、「〇〇ファースト」と言っている人たちは最終的に自分や周囲に利益が回るようにしているだけです。独りよがりな指導者たちを見ると、全員まとめて宇宙に送っちゃったらよいのにと思ってしまいます（笑）。

宇宙から地球を見たら、私たちの世界がいかに小さくて、わずかな領土や権益を広げようとしているばかりに、人類が全滅する可能性すらあることに気付くはずです。

でも、人間には英知があります。私が物事のいいところばかりを見てしまう楽観主義者のせいもありますが、人類は自分の生存権を脅かすほど、バカだとは思っていません。未来はそんなに暗くはないと思っています。振り子が揺れ動くなかで、最もバランスがとれた真ん中の位置で止まるように努力するのが人間の英知だと思います。

置かれた場所で最大限によいことをする

田原　多くの人は向井さんとは違って悲観論に傾きがちです。ジャーナリストも、有識者も、ここがダメだ、あそこがダメだと悲観論を唱えることが多い。

それは悲観論の方がウケるのも理由でしょう。この国や世界をどうするのか、どうでもよくなっている人さえいます。

向井　ダメなところを見ればいくらでもありますが、人も社会も、いいところを見て、伸ばした方が楽しいですよね。

私は日本に生まれて、これまで戦争に巻き込まれることもなく、こうして好き勝手なことが言える幸せな存在です。

でも、広い世界を見れば、紛争地に生まれたがために明日死ぬかもしれない子どももいるわけです。私は宇宙から地球を眺めながら、どうしてそんなに差が出てしまうのか、人間の運命って何なのかとすごく悩みました。

私が出した結論は、自分が置かれた場所で、最大限によいことをしようというものです。それが、みんなを幸せにすることにもつながると思っています。自分がハッピーになるためには、周りの人もハッピーでなくてはならないと思うからです。

戦う相手は他人ではなく自分

田原　その通りだと思います。でも、世の中の多くの人は、自分が幸せになるためには、他人との競争で勝つことが必要だと思っていますね。

向井　昔の教育って、他人と競争させることが多かった気がします。だから、私が東京理科大でやっている宇宙教育では、学生たちに「あなたと隣の人を比べたいとは思いません」と伝えています。

勉強を始める前の自分よりも、どれだけ視野が広がったり、やる気が出たりしたのかを比べられるようになる教育をしています。戦う相手は自分です。他人と戦っているうちは、勝ったとしても、むなしさしか残らないと思います。

田原　とても大事な問題です。戦う相手が他人になってはいけませんね。

向井　米大リーグで3度も最優秀選手（MVP）になった大谷翔平選手は、戦う相手が自分だから、どんどん伸びるのだと私は見ています。もし、他人と戦っているとしたら1番になった時点で「もう下の人しかいないんだな」とテングになり、伸びようとはしないと思います。

子どもたちを競わせるような日本の受験制度もよくありません。一生懸命に受験勉強をやって合格しても、入学したときには既に疲れてしまっています。オンライン授業も発達してきて、教員数や教室のスペースをあまり気にしなくなっていい環境になってきています。

法令の制約があるのでしょうが、ゆくゆくは大学に入学できる人数に制限をか

けることを見直してよいと思います。目的意識を持った人たちに多く入ってもらって、入学後の学びが足りない人は卒業させなければいいのです。

「俯瞰的にものを考えられるようになった」と振り返ったように、向井氏の守備範囲はかなり広い。田原のインタビューも、いつしかテーマは文明論にまで及んでいた。そして向井氏の思考の特徴は、どこまでも前向きで、未来志向であることだ。社会の動きをたとえながら「地球の未来を悲観していません。世の中は振り子のような動きをするから」とも語った。

子どもを叱らない親は残酷か？

田原　親は昔に比べて、子どもを叱らない傾向にあると感じます。でも、これは子どもに対して残酷ではありませんか？

向井　子どもに無関心であれば残酷だと思いますし、親の無関心は最もいけないことです。

親が感情任せに「怒る」のではなくて、その子のためを思って「叱る」のであれば、子どもも親の気持ちを理解してくれるのではないでしょうか。

ただ、親が怒らなくなった、叱らなくなったのは、世の中の価値観が多様化している影響もあると思います。

例えば、過去最多を更新し続けている中高生の不登校についても、昔は落ちこぼれのように捉えられていました。でも、価値観が多様化し、学校に行かない方が能力を生かせる子どももいると認められるようにもなってきました。

もちろん、学校に行きたいのに、行けないまま放り出されている子がたくさんいるのは問題です。その一方で「アホらしい授業を受けているくらいなら、会社でも作った方がいい」っていうような優秀な人もいます。

子どもに道を開いていく力はあるか

田原　子どもが親にも叱られず、自分で考えて道を開いていく能力はあるのでしょうか？

向井　親が手をかけないから、必ずしもうまく育たないというわけではありません。親って子どもにとってのお手本だと思うんです。いい親も、悪い親も居るでしょう。そこで、子どもはいいお手本は取り込んで、悪いお手本は反面教師としながら生き延びようとする力が備わっているんじゃないでしょうか。

確かに年代にもよると思います。幼くて保護がどうしても必要な時に、親が何も言わなかったり、無関心だったりするのは残酷だと思います。でも、ある程度、自分の考え方が持てるようになったら、その子を見守ることで、やる気を伸ばしてやる方がいいと思います。親がこうしろ、ああしろと指示するのではなく、その子が伸びようとする環境を作ればいいのです。

その先はチョイス・イズ・ユアーズで

田原　子どもが伸びる環境を作るにはどうすればいいでしょう？

向井　最も大切なのは、いろんな好奇心の種を植えることです。そして芽が出るような環境を作ってあげます。つまり、子どもたちが自分の周りの世界は小さいけれど、実は世の中はとっても大きくて、こんなに面白いことがあると気づけるようにしてあげるんです。

その先はチョイス・イズ・ユアーズ（選択はあなた次第）です。

田原　どの親にもそんな環境を作る力があるとは限りません。

向井　親ができなければ、社会が作らなければなりません。昔は親だけではなくて、近くのおじさん、おばさんたちが子どもを叱ってくれたんです。子ども会もあって、年上の子どもたちが幼い子の面倒を見てくれました。

でも、子どもに関心を持ち、育ててくれたはずの地域社会は、無関心で冷たくなってきています。隣に住んでいる人が誰かもわからないような社会です。

大学が昔の高校レベルのようになった

向井　今、子どもたちは社会のルールをなかなか教わることができないので、大学が昔の高校レベルのようになり、高校が昔の中学のレベルみたいな感じになってしまい、社会のルールから教えているような感じになっています。

本来、大学は単位をとってもらうこともありますが、みんなが集まって「学問とは何ぞや」といったことを考えるような場であるべきだと思います。

田原　どうしてこうなってしまったのでしょうか？

向井　日本が物理的に豊かになっても、精神的には追いつけなかったからです。

第二次大戦後、お金や物はなけなしでした。私が幼かったころを振り返っても、多くの人は貧しかったので、みんなで物を分け合い、貧しいなりに、みんなで日本を復興させようという思いでやってきました。

貧しさから必死で抜け出そうとする時は、明日のご飯を手に入れよう、もっと良い物を買えるようになろうというように物質的な豊かさに関心を寄せます。子どもの教育で言えば、精神的な豊かさを育むくらいなら、立身出世のためになる技術を身につけさせようとする考え方で、これは今も残り続けています。

このままでは本当に豊かな国にはなれないという危機感があり、大学でも、科学技術に、社会のシステムや他者への思いやり、文学や芸術などを融合させる取り組みが始まっています。

他者に無関心になってしまったのを、何でも自分事に考えられる社会に戻さねばならないと思います。電車の中で靴のまま座席に上がる子を叱れば、その親から逆に怒られかねないような世の中です。

でも、社会で生きていくために守らねばならないルールはあります。最低限のルールを守れば、自分も、みんなも、快適に過ごせることは教えてあげないといけません。

今の子どもは意見発表の能力が高い

田原　これは僕の持論ですが、日本の政治家が国際会議でうまく発言できないのは、英語ができないからではなくて、日本の教育が間違っていたからだと思うんです。

日本の学校では、先生が正解である問題ばかりを出してきました。だから、想像力に欠ける人をたくさん生み出してしまい、正解のないような問題に挑む国際会議でも発言できないんだと思います。

向井　でも、時代と共に教育も変わってきました。子どもたちに小論文を書かせたり、自分で課題を探してもらったりする教育になってきています。

昔の子どもに比べて、プレゼンテーションや自分の意見を発表する能力は、ものすごく高いですし、(プレゼン用ソフトの）パワーポイントといったデジタル機器も発達しています。

日本には、目上の人の意見を黙って聞いたり、周りと異なる意見を言ったりしない文化がありましたが、自分の意見をかなり言えるようにもなりました。

政治家も、昔より国際舞台で発言できていると思います。首相や外相に、語学が堪能で、海外留学の経験もあるような人たちもなってきています。首相だった岸田文雄さんも、アメリカの連邦議会でジョークも入れながらスピーチをしていましたね。

幼いころから五感を働かせよう

田原　子どもたちや学生に人生でやりたいことを、見つけさせてあげることが教育だと思うのですが。

向井　そう思います。私が東京理科大でやっている宇宙教育では、学生に「何を勉強したいのか、何をやりたいかを教えてください。いくらでも先生はいますから」と伝えています。

そして幼いころから、五感をもっと働かせて、感覚を研ぎ澄ませるような教育をしてほしいです。

私は医者なので患者さんを診察する時は、必ず自分の目で見て、感じるようにしていました。看護師さんから届くデータや伝聞では分からないことがあるからです。群馬県の田舎で育ったので、四季折々の違いなどを肌で感じてきたことも影響しているのかもしれません。群馬で言えば、冬の「空っ風」の厳しさを知っていると、春の暖かさやありがたみがよくわかります。

未来も捨てたものではない

向井　理科教育もそうですが、教科書に書いてあることであっても、まずは研ぎ澄ました自分の五感を頼りにしながら「おかしい」「本当かなあ」と疑ってみた方が深い学びになります。教科書だって時代が変わったり、定説が変わったりすれば、当然、書かれる内容も変わるのです。

日本の大学は、研究力が下がったとも指摘されます。その一因は「出口政策」になっているからです。政府からは「要するに、この研究は何に役立つのですか」「研究費を取るために役立つ研究をしてください」といったことを言われがちです。

でも、本来、研究というのは「すごい」「不思議だ」「面白いな」と思えることを、どこまで探究できるかではないでしょうか。だけど、それが3年後、5年後といった短いスパンで成果を出すように言われてしまうと、ハナから成果が見えているような、こぢんまりとした研究しか出てこなくなってしまいます。

田原　向井さんは、最近の学生や若者たちをどう見られていますか？

向井　「私の学生時代に比べたら偉いなあ」と思っています。学費が高いので必死にアルバイトしながら生活していることが多いです。地方から出てきて下宿をしたら、すごくお金がかかります。でも、親に工面してもらうのは大変なのでアルバイトしているんですね。

「学生は本分である勉強だけやっていればいい」と言う人もいますが、今の学生はアルバイトをしないと勉強ができないんです。かわいそうな時代です。アルバイトをせずとも、学校に通いたい子は通えるようにしてあげてほしい。頑張っている学生の姿を見て、「この人たちが居るなら未来もそんなに捨てたもんじゃない」と思うほどです。

富を分かち合うべきだ

向井　日本も貧富の差が再び広がってきたので、人と分かち合っていかないと、社会が回らなくなっています。そして、若い人の方が富を分かち合うべきだということを理解していると感じています。それが、近年増えている子ども食堂だったり、シェアハウスだったりするわけですね。

褒めて育てるという教育法がありますよね。でも、その半面、大学でも、会社でも、若い人たちをしかると、すぐに辞めたり、潰れたりしたりして、育てるのが難しくなっています。でも、どういう社会であっても毅然《きぜん》とした態度が取れなくなったらダメだと思います。理にかなっていれば、いつかは、分かってもらえると思います。

いろんな意味で、無理をさせないような世の中になっていますが、無理しようとするのは、自分の限界が知れることでもあります。

限界を知っていると、自分が壊れる前に「まずい」と気付いて、引き返すことができます。だから、限界を知らない人って危険なことをやってしまい、潰れていってしまうんです。

田原　ほとんどの人は限界を知るところまで物事をやっていないかもしれませんね。

向井　宇宙飛行士も限界を知っていることが大切です。根性論で頑張り続ければいいわけではなく、頑張れるところまでは頑張るけれど、「これ以上は無理だ」って分かったらサインを出さないと、自分が潰れてしまいます。宇宙でのミッションは１人欠けてもダメージは大きいので、それができないとチーム全体を壊してしまいます。

ユニークネスが大事

田原　僕は若い頃に限界を感じることがたくさんありました。大学卒業する時にジャーナリストになろうと思って、いろんな新聞社やテレビ局の採用試験を受けたんですが、全部落ちました。

やがて、開局間もない東京12チャンネル（現テレビ東京）に入社したんですが、才能がなくて、企画を出しても全然通らない。だから思い切って他の民放局がやらないタブーに挑戦するようなドキュメンタリー番組を作ったんです。

向井　それが能力なんです。つまりユニークネスが大事だということです。同じことを学生にも言っています。日本は人を均質化するような教育をしています。みんなが同じ格好になるようにしているのです。でも、人を樹木に例えるなら、枝や葉は伸びたい方向に伸びさせてやればいいんです。

限界を知る人は、限界ある自分をどう生かそうかと考えて動くことができます。そこでユニークネスが発揮されます。

私が宇宙飛行士になるために1980年代にNASA（米航空宇宙局）に行った時は、欧米系の人ばかりで、アジア出身の女性である私はマイノリティでした。日本の宇宙飛行士1期生でもあり、彼らに比べて宇宙への知見がうんと低いんです。だから、私に対しては「スペースシャトルの後ろに乗っけてあげるよ」といった雰囲気でした。

田原　あの時代に女性で活躍してきたことで、随分いじめられたんじゃないんですか？

向井　NASAでもいじめには遭いませんでした。そもそも、私は「いじめられるくらいなら、いじめちゃおう」と思っているので、手を出されないのかもしれませんね（笑）。

マイノリティを盾にとる

向井　大人になっても、小学生の頃に、父が選んだモスグリーンのランドセルを背負った経験が生きてくるんです。緑のランドセルが嫌だなと思って「誰かに意地悪をされるかな」って、びくびくしていると背中が丸まり、下を向きがちになるんです。人間も動物なので、弱々しそうにしている姿を見ると、襲いたくなる人がいるんだと思います。弱い者を襲った方が楽ですからね。

そしてNASAでも小学生の頃と同じで「みんなが持っていないものは何か」を一生懸命に考えました。子ども時代、ランドセルは赤と黒がマジョリティでした。だけど、「緑のランドセルはこれしかないんだよ」って言ってあげると、「ガマガエル」と私をからかっていたはずの子たちが、逆にほしがるようになったわけです。

だから私はマイノリティを盾にとりました。

男女を意識しなかった

向井　心も、体も、姿勢がとても大事だと思っています。私だって、いつも元気なわけじゃありません。ですから、朝、目覚めたときに「今日も頑張るぞ」って、胸を張って背中を伸ばすことにしています。そうすると、その日は元気に過ごせるんです。

女性だからと、男性に足を引っ張られたということは人生でなかった気がします。大学時代に所属していたスキー部は男性ばかりで、10キロ走をやっても、ひけを取らなかったせいもあり男女を意識しなかったんです。

私はジェンダーフリーの考え方なので、「男には負けない」という気持ちも持っていません。病院で注射した男の子が大泣きすると、「男の子なんだから、泣いちゃいけない」と言うお母さんがいますよね。私はいつもそういう姿を見ると、「お母さん、男でも女でもね、針を刺すと痛いから泣いていいんですよ」となだめていました。

石原裕次郎さんから「カンフー姉ちゃん」

向井　慶応病院に勤務していた1981年、俳優の石原裕次郎さんが解離性大動脈瘤で入院されたことがありました。

教授が主治医で、私が担当医をさせていただきました。いつも上着とズボンが分かれた白衣を着ていたので、それが中国武術の道着に見えたらしく、石原さんやスタッフの皆さんに「カンフー姉ちゃん」と呼ばれ、かわいがっていただきました。

私は「石原軍団」が大好きでした。男臭過ぎると感じる方もいるかもしれませんが、私は全然そうは思いません。映画作りを夢見ている石原さんを慕う人たちが集まっていて、すごくいいチームでした。男とか、女とかは関係なくて、夢に向かっている人たちが絆を持って仕事をしている姿が好きでした。

同調圧力に負けないユニークさとは

田原　日本人は同調圧力に弱い傾向がありますよね。人のマネをしようといった感じです。でも、向井さんはどうして「逆張り」ができたのでしょう?

向井　それは両親が同調圧力に負けない人だったからです。

繰り返しますが、当時は女の子が背負うことはない緑色のランドセルを娘に与えて、学校で「ガマガエル」とからかわれていたので、周りの人が両親に「かわいそうでしょ」って言うわけです。でも、両親は「本人がいいって言うんだから、いいでしょ」と言い返していました。自分の良さを貫いていきましょうという考えの人たちでした。

ただ、同調圧力に屈せずユニークさを大切にすることと、群れを離れ、他人はどうでもよいとわがままになることは違います。

ユニークさを見つけることは、自分が属しているチームのためにもならねばなりません。結局、私たちは群れの中で生きる動物だからです。人間は1人では生きることができません。

田原　自分のユニークさを見つけるのは非常に難しい。どうすれば見つかりますか？

向井　アメリカのケネディ元大統領が言ったように「国が何をしてくれるかではなく、国のために何ができるのかを考えてほしい」というのと同じです。

小さなことでいいんです。小さなことを何度もやっているうちに成功体験になります。

ユニークな自分がチームの役に立てれば、みんなも喜ぶし、自分もうれしいわけです。それが、どんどん大きくなるうちに同調圧力に負けなくなります。

ユニークさを持った人たちが集まれば、強いチームができる。それがダイバーシティ（多様性）です。スペースシャトルでミッションをこなした宇宙飛行士たちもそんなチームでした。

東京理科大の質実剛健さが好き

田原　東京理科大の学部生の男女比率は？

向井　女性が少ないことは事実です。２０２４年5月１日現在で、学部の学生全体だと女性は26％です。ただ、薬学部だと60％なので、学部によって随分とばらつきはあります。

そこで24年度の入学生から総合型選抜（旧ＡＯ入試）で、理工系分野に強い関心を持った女子を対象とした試験を始めています。計48人を募集していて、メディアでは「女子枠」とも呼ばれています。でも、これは欧米の議会にあるような「クオータ制」（女性の比率をあらかじめ決めておく制度）とは異なります。東京理科大は実力主義の学風があり、基準に達しない人は入学を認めないという立場だからです。よって必ずしも定員を満たす合格者を出すわけではありません。

その結果、どの先生の下で、どんな勉強がしたいのかという目的意識がはっきりとした学生が集まっています。つまり、この入試制度は「理科大でもっと多くの女性に学んでほしい」「女性のリーダーを生み出したい」とのメッセージのようなものです。学部の学生が1万7000人弱で、そのうち留学生が844人です。私が担当するダイバーシティ推進の観点からいえば、ゆくゆくは外国人にも同じような仕組みを作らなければなりませんね。

東京理科大は、派手さはありませんが、学生も、教員も、職員も真面目な人が多く、学問や仕事への姿勢がとてもきちんとしています。私は理科大に来て10年になりますが、この大学が好きな理由は、質実剛健さにあります。

向井氏は「理系女子」の草分け的存在ともいえるだろう。1970年代に日本で女性が心臓外科医になるのは珍しく、宇宙飛行士になるのはアジア初だった。そもそも女性の医師自体が少なく、2022年12月時点で全体の23・6％にとどまる。「女子は理系が苦手」との俗説がなおも残り、理系を専攻の女子学生は少数派のままだ。

政府の教育未来創造会議が2022年5月に出した提言では、32年ごろまでに、大学の学部段階で理工系を専攻する女子の割合を現状の7％から、男子並みの28％程度に引き上げる目標を示し、入試で女子枠確保を図る大学への財政支援なども挙げた。経済協力開発機構（ＯＥＣＤ）の平均でも、理工系の学部に進んだ女子の割合は15％に上っており、日本の7％は調査対象の国々の中で最低水準だった。

日本の女子が理系の成績で振るわないわけではない。ＯＥＣＤが22年に81の国・地域で15歳の生徒らを対象に実施した国際学習到達度調査（ＰＩＳＡ）の結果を見ると、日本の成績は「科学」が2位、「数学」が5位で世界トップクラスの成績を残している。平均点は女子が男子よりも数学で9点低く、科学で2点低かったが、世界で成績上位だった他国の男子と比べれば、遜色のない高いスコアを残している。

それなのに、大学で理系分野を専攻する女性が少ないのは、「女子は理系が苦手で、文系が得意」といった無意識の偏見（アンコンシャスバイアス）が、社会に浸透している影響があるとみる専門家は少なくない。本人ばかりではなく、親や、学校で進路指導を担当する教員も「女子は理系には向かない」という先入観を持ってしまい、文系進学に傾くといったものだ。

だが、近年は、中高一貫の女子校が大学と連携して理系の研究者を招いた出前授業に取り組んだり、理系学部への進学に力を入れたりするケースが目立ち始めている。デジタルや脱炭素化を進めるグリーントランスフォーメーションといった成長分野の人材は不足しており、理系学部での育成が期待される。生徒の将来を見据え、専門性が高く、安定した仕事に就くチャンスは文系よりも理系にあると判断し、理系進学に傾いた学校もある。

そもそも日本は、男女を問わず理系人材が少なく、大学生でも3割強しかない。政府は、理工系を専攻する女性を増やすことが、理系全体の底上げを図るカギとみている。また、理系女性の少なさが多様な視点を取り入れるチャンスを潰し、国際競争力や科学技術の発展だけを見ても、成長への大きなブレーキとなるとの見方もある。

教育未来創造会議の提言もあり、大学では、理工系学部の入試で「女子枠」を設ける取り組みが加速している。25年度入学生の国公立大入試では、東京科学大や名古屋大などの難関校を含む30大学37学部に上り、前年度からほぼ倍増した。私立大も東京理科大や芝浦工業大の女子枠がよく知られており、今後も導入が増えていくとみられる。

一方で「男性差別」との批判もあり、過去には12年度から理学部に導入しようとした九州大が撤回している。平等性をいかに保つかを女子枠導入の課題として捉える大学もあるようだ。

第10章

東大のキャンパスには多様性が必要だ

藤井輝夫
東京大学総長

藤井輝夫 ふじい・てるお

1964年、スイス・チューリヒ生まれ。私立麻布中学・高校（東京都）出身。88年に東京大学工学部船舶工学科を卒業し、大学院に進学後は、東大生産技術研究所で海中ロボットの研究に携わった。93年に東大大学院工学系研究科船舶海洋工学専攻博士課程修了。博士（工学）。専門は応用マイクロ流体システム、海中工学。理化学研究所研究員などを務めた後、東大生産技術研究所教授、同所長、理事・副学長などを経て、2021年4月に総長に就任した。学生時代はサークルに所属し、スキューバダイビングとバンド活動をしていた。

「私学の雄」のトップインタビューで始まった本書の最終章は、国立大学の代表格である東京大の総長、藤井輝夫氏だ。海中工学の専門家で、総長就任後は「世界の誰もが来たくなる大学」を掲げ、各界に多くの人材を輩出してきた東大のあり方を再考している。インタビューでは、新卒一括採用、年功序列型といった雇用慣習をやめることが、教育の改革にもつながると指摘。田原は、卒業生でもある藤井氏が東大生をどう見ているのかも次々と質問した。

〈インタビューは2025年3月6日、東京都文京区の東大安田講堂で〉

真面目に勉強するタイプではなかった

田原　生まれはどちらですか。東大に進学しようと思ったのは何歳ごろでしょうか？

藤井　父の仕事の関係で、私はスイスのチューリヒで生まれました。ただ、育ったのは東京です。高校生のころは、水泳部やバンドの活動に熱中し、ずっと真面目に勉強しているようなタイプではありませんでしたが、東大に行こうと思ったのは高校生の時です。

父が半導体のエンジニアだった影響もあり、工学には興味がありました。幼稚園児の時、アポロ11号が世界で初めて月面着陸に成功した印象も強く残っていました。

私はちょっと変わっていて、月や宇宙について知りたいと感じるというよりも、月に人を送った人間の技術がすごいと感じて、エンジニアがやりたいと思ったんですね。

ものを知るための技術をやりたい

藤井　でも、高校生ぐらいになると、「宇宙もいいけれど、アポロも月に着陸したし、いろいろ調べられてしまったようだ」と思うようになりました。そこで、今の私の研究と深く関わる海のことをやってみようかと考えるようになりました。

世界で最も深い太平洋のマリアナ海溝に潜ったバチスカーフ・トリエステ号（有人の深海潜水艇）について書いた本があったのですが、そういうものを読むのが子どものころから好きだったんです。海の中で人がいろんな活動ができる技術に興味を持ちました。

田原　ものを知りたいという意識が非常に強かったんですね。

藤井　ものを知りたいというよりは、ものを知るための技術がやりたかったということですね。でも、海の中を調べる技術を研究できる大学は非常に限られていて、当時、海洋研究所があり、工学部に船舶工学科があった東大に行こうと思いました。すぐには合格できずに浪人生活を1年送りました。

「見本のない世界」で東大は何ができるか

田原　東大は最も入学試験が難しく、レベルの高い学びをしていると思われています。そんな東大の役割は何でしょうか？

藤井　東大は2027年に創立150周年を迎えますが、その役割は時代とともに変わってきたと思います。明治期は近代国家・日本の骨格を作る人材を育てるという大きな役割があり、第二次世界大戦後は、戦後復興や高度経済成長を担うという役割がありました。

ただ、今は気候変動の問題もそうですし、世界情勢も非常に混沌とした「見本のない世界」です。その中で、東大は新しい社会や世界のあり方を考え、作っていく人材を育てていくべきだと思います。

日本は抜きんでた人材がいない？

田原　日本は世界トップになるような研究分野が少ないようです。東大が抜きんでた人材を輩出してもいいのではないでしょうか？

藤井　社会のあり方、もちろん教育のあり方にも関係すると思います。ただ、ニュートリノ研究で日本は世界のトップを走っています。それは東大の成果でもありますし、例えば、京都大で進むｉＰＳ細胞（人工多能性幹細胞）の研究もあるので、日本も物理学や生物学などで抜きんでた成果を上げていると言えますね。

田原　日本は１９８０年代初頭ごろまで「ジャパン・アズ・ナンバーワン」と呼ばれて、経済は世界一でした。世界でどこもやらないことにチャレンジしていたからです。

でも、90年代から構造不況に陥ると、経営者が失敗を恐れてリスクを取らなくなりました。これが日本から抜きんでた分野や人材が出にくい理由だと思うのですが。

「失われた30年」のもう一つの理由

藤井　「失われた30年」の理由はその通りだと思いますが、理由はもう一つあります。それは教育から雇用までのあり方を変えられなかったことです。

日本がアメリカに追いつけ、追い越せでやっていた時代は「新卒一括採用」や「年功序列型」の雇用でうまくいきました。

同年代のグループが社会に出て、その人たちが大企業で働き、長く勤めれば厚遇を受けられるモデルです。学年を輪切りにするようなやり方で、企業では入社年次、役所では入庁年次をこのモデルに当てはめてきました。

ところが、社会が成熟していく中で「大量生産」「大量消費」の時代から、個々人が選択する時代へ変わっていきました。「ＧＡＦＡＭ」（グーグル、アップル、メタ＝旧フェイスブック、アマゾン、マイクロソフト）と呼ばれるアメリカのＩＴ企業が台頭しているように、デジタルやＩＴによって世界の産業、社会のあり方が変わったのです。

作る側の都合から、使う側の選択の時代へ

藤井　要するに作る側の都合で物事が動いていく時代から、使う側の個々人が求めていることにどれだけ対応できるかが大切な時代になったのです。当然、多様な対応が価値を生み出すようになった社会を担う人材は、多様でなければならなくなりました。
その一つは経歴の多様性です。今、日本社会は時間的な多様性を許容できていないので、大学入学時の平均年齢を見ても、ＯＥＣＤ（経済協力開発機構）では

23、24歳の国々も多いのに、日本は加盟国で最も若い18歳です。
これが何を意味するかといえば、高校卒業後にいったん働いたり、世界を旅したり、そもそも高校を卒業する時期を遅らせたり、といった時間的に多様な進路選択ができない環境にあるということです。

ですから、私は経団連や企業の関係者の方とお会いする時に「新卒一括採用と年功型の処遇を早く終わらせましょう」と言っています。

新卒一括採用の仕組みでは、就職活動においてチャンスが1回しか与えられず、また、最初に入った会社で、ずっと働きましょうという仕組みの中では、やりたいことがあっても、キャリアをどう渡っていけるのかが見えないからです。

これらを終わらせることができれば、中学、高校、大学、就職と、切れ目ないキャリアにこだわること自体に意味がなくなるはずです。

40代でテレビ局を辞められてよかった

田原　僕はテレビ局に勤めていたんですが、40代前半で辞めざるを得なくなって、フリーのジャーナリストになりました。

でも、あの時に辞めなければ、思い描くような仕事をできないまま、定年を迎えていたでしょう。会社を辞めたのはラッキーで、だからこそ今の自分があると思っています。

藤井　そういうキャリアの曲折を柔軟にしていける社会を作ることが大切です。そのために新卒一括採用をはじめとする雇用慣習や、社会保障制度も変えねばなりません。

大学生は3年生で海外留学をすると、就職活動でとても不利になります。周りの学生たちは3年生から事実上の就活を始めますから、4年生で日本に戻ったとしても、就活の動きに乗り遅れてしまいます。

また、同じ会社で長く働けば多くの退職金が受け取れるといった仕組みもまだまだ残っています。

答えのないテーマに取り組む

田原　何のために大学に行くのかがはっきりしていないように感じます。日本の学校では、教師は生徒に正解のある問題ばかりを出してきました。正解を答えないとバツで、何のために学ぶのかがよく分かりません。だから中学、高校では大学入試を見据えた勉強をするんです。大学での学びのあり方や生き方を考えることについても、もっと教えてあげるべきです。

藤井　東大でも、答えのないテーマを研究したり、何のために学ぶのかを学生に考えてもらったりすることを、非常に強く意識しています。

そもそも東大では入学後の2年間、それぞれ専門の学部に分かれて学ぶのではなく、全ての学生が教養学部に所属して、生きるために必要な広い視野や知識を獲得して、自分の考えを深めます。東大でやりたいことを探してもらいたいのです。

また、私が総長補佐を務めていた12年に「FLYプログラム」を立ち上げ、13年度の入学者から具体的な取り組みを始めました。入学直後の1年間を休学し、国内外は問わず、東大のキャンパス以外の場で好きなことに挑んでもらうプロググラムです。

希望する学生には、必要な費用をどう調達するかも含めて1年間の計画を出してもらい、大学が計画を認めれば、費用の一部も支援します。

受験勉強でやってきた答えのある学びを一旦リセットし、何のために学ぶのかを見つけて、大学に戻ってきてもらうのが狙いです。

大企業に行きたい東大生ばかりではない

田原　人生は一度しかないので、人生をかけて何がやりたいかを見つけさせてあげるのが教育だと僕は思っています。

藤井　東大の教育も、そうであるべきだと思っています。田原さんから「日本の経営者がリスクを取らず、チャレンジしなくなった」という指摘がありましたが、日本の公教育も横並びの構造があり、同じ年齢の人たちが、同じ空間で、同じことを、同じように学ぶのが基本になってしまっています。
やっと小中学校、高校で「総合的な学習の時間」や「探究学習」が始まり、自分の興味に沿って探究する教育が始まりましたが、大学でもさらに自分の興味関心、自分が何をやりたいかを追究してもらいたいと思います。

最近は、東大でも従来型のモデルはだいぶ減って、大企業に行きたいという学生ばかりではなく、自分で何かをしたい、社会を良くしたいと考える人は随分と増えています。大学としても、そういった学生を後押ししようと、起業家教育を積極的に行っています。

つまり社会の構造がなかなか変わらないので、自分たちがやりたいことを実現するためには、これまでとは違ったスタイルでやった方がいいのではないかと学生たちは考え始めているのです。

社会で求められる「ケア」を後押し

藤井　また、子どもたちの学びであったり、広がる貧困であったり、アジア・アフリカの発展途上国であったりと、社会で求められる「ケア」（顧慮）に目を向けて、積極的に関わり合いたいという人たちも増えています。

3年前の22年度の学部入学式でも学生の皆さんにお話ししたのですが、他者が何を望んでいるかに気づき、知って、それに応じて行動するという起業やビジネスの本質は、実はケアが指し示す領域と深くつながっていると思います。東大はこうした社会的なケアを志す人たちをできるだけ後押ししたいと考えています。

東大は、学部生の女性比率が2割にとどまり、経済的に豊かな家庭の学生が多いなど多様性に欠けると指摘されている。藤井氏は「さまざまなタイプの人たちに入ってきていただきたい」と強調し、田原に入試方法を多様化させる考えを明らかにする。学生から反対の声が上がる授業料値上げについても語った。

教育に競争はどこまで許されるのか？

田原　日本の教育は、他人と競争させることが多いように感じます。

藤井　必ずしも競争は悪いことではありませんが、すべての人を同じ枠組みの中

で競わせているのはよくありません。

大学生の就職活動を見ても、学生の皆さんが2年ぐらい費やして「新卒一括採用」という一度しかないチャンスにかけているのは、いかがなものかと思います。

やはり社会は時間的な多様性をつくるべきです。それぞれの人がそれぞれのペースに従ってキャリアを進めていくような仕組みにしなくてはいけないと思います。

大学卒業と同時に、みんなが就職するというわけではなく、何か別のことをやってもいいわけです。

でも、日本ではそういう時間的余裕が

受け入れられないので、採用試験でも履歴書の枠に穴が開かないよう、びっしり経歴を書いていかないと、企業に認めてもらえない、ということが起こります。

学部生の女性比率「2割」をどう変えるか

田原　東大の学部生は女性が2割だそうですね。

藤井　学部での女性の少なさは一番大きな問題です。今、いろんな努力をしているのですが、そもそも志願者の女性が2割しかいないのです。

とりわけ少ない地方出身の女性の学部生に事情を聴くと、まずは両親を説得するのが大変だったというのです。

東京で暮らすことについての心理的、経済的なバリアーや、東大は女性に似つかわしくないといったイメージがあって、それをどう取り除くかが課題だと思っています。

多くの女性に志願してもらうためには、卒業後に社会で活躍できる場があるのだということを見せてあげなければなりません。

そのためには、やはり日本の雇用慣習を変えていくべきだと思います。

東大生は経済的に豊かな人が多い

田原　東大が2023年度に学部生に実施した調査では、世帯年収が950万円以上、私立中高一貫校出身者がいずれも4割を超えています。東大に合格するには学習塾に通わねばならず、多くの費用を負担できる家庭でないといけませんね。

藤井　多様性のない集団だと、斬新なアイデアが出てくる可能性が下がってしまうので、もっと多様な人たちが入ってくるように努力しなくてはいけないと思っています。

田原　どうすればいいですか？

藤井　入り口を最終的には多様化するということになると思います。

今までやってきた東大の入学試験には良いところもあるので、全部やめてしまうのではなくて、むしろオプションを増やして、違うやり方を増やしていくということです。

東大は、学校推薦型選抜（旧推薦入試）をやっていて、筆記試験で合否を決める一般選抜（一般入試）で入ってくる人たちとは、異なるタイプの人たちが入ってくるわけですね。さまざまなタイプの人たちに入ってきていただきたいのです。

東大生の能力は十分に生かされているか

田原　一般選抜以外で入学する人は何割ぐらいでしょう？

藤井　今は本当に少ないです。学校推薦型選抜の募集人員は年１００人程度で、これは東大全体の合格者の約３％にあたります。一般選抜や学校推薦型とは異なる大学への入り方を増やしていくことも大事だろうとは思っていて、実際に検討を始めています。

田原　東大には優秀な学生が集まっていますが、その能力は社会で十分生かされていると思いますか？

藤井　中央省庁を見れば、東大の卒業生がかなり活躍していますが、今の東大の学生を見ていると、政府を動かして社会を良くするよりも、民間でやれることをどんどんやっていこうというモチベーションが強いように感じます。

政府で大きな枠組みを作って、社会で困っている人たちをケアしてもいいけれど、その枠組みでは間に合わない、解決できないこともあるからですね。

外国から高度な人材に入ってきてもらう

田原　教育を考えるときに、少子化の問題は大きくかかわってきます。どうすればよいでしょう？

藤井　一つのやり方は、より高度な人材に海外から入ってきてもらうことです。教育においては、主な入り口は大学だと思っています。能力の高い留学生に日本で学んでもらい、再び海外に出て活躍していただくのもよいのですが、日本で経済活動に参加してもらうことも考えるべきだと思います。

少子化が起きた原因は、先行きの不透明感にあり、やはり日本の雇用慣習につながっていると思っています。

男性の育休取得率は高くはないので、働く女性は出産すると、仕事が一定期間できなくなります。

しかし、年功序列型の職場にいると、仕事を休んでいる間に、これまで一緒にやってきた人たちはどんどんキャリアアップしていきます。

こうして一旦仕事をやめることになるか、他の職場で非正規雇用として働くということになり、収入も下がってしまい、子どもを育てることにためらいが生じるケースも出てくるのです。

大学授業料の無償化は？

田原　高校無償化の議論をどう見ていますか？　当然ですが、無償化に必要な費用は国民が負担することになります。

藤井　高校だけではなく、大学の授業料を無償化するというような議論もあります。ただ、高校進学率は１００％に近いので国民の理解を得られるとしても、大学進学率は60％にも満たないので、反対論もあるのではないかと思います。

「ドイツやフランスでは、大学の授業料が無償だ」という意見もありますが、消費税は約20％にも上ります。財源が確保されない限り、大学授業料の無償化を実現することは難しいでしょう。

大学の授業料を国が負担するのか、家計が負担するのか、企業やフィランソロピー（慈善事業）といった非家計による支援をいただくのかなど、さまざまな考え方があると思います。

なぜ東大の学費を上げるのか？

田原　25年度入学の学部生から授業料を引き上げました。国立大が財政難にあるのは分かりますが、なぜ国ではなく、学生に負担を求めたのですか？

藤井　財政難は大きな問題ですが、授業料を引き上げても財政的にプラスのインパクトはそんなにありません。今回の引き上げは、財政難を改善するというより、学生の皆さんの学びの環境を良くするための費用をしっかり確保することが目的です。

国際的にも高等教育は競争の時代にあって、学びの環境をどれだけ良くできるかは死活問題です。例えば、欧米の大学では授業の履修や成績管理にデジタルのシステムがかなり入ってきています。

東大もやってはいますが、最近はＡＩのツールも出てきていますし、新しい仕組みを次々と作らねばなりません。

学生が海外に短期間渡航するプログラムなどで学ぶにしても、経済的な負担が大きく、心配せずに参加できるように大学が支援するにも、お金がかかります。

国立大の予算を増やすには？

藤井　国立大授業料の標準額（年53万５８００円。各大学の裁量で２割の引き上げが可能）は20年間、ずっと据え置かれて、引き上げるかどうかの論議すらされてきませんでした。

その一方、国立大の基盤的な経費である「運営費交付金」は、国立大が法人化された04年度以降、約13％も減らされています。

25年度予算は、前年度比で同額となりましたが、昨今のインフレやエネルギー価格の高騰などを加味すれば実質はマイナスです。

ただ、これから国立大の予算を増やすには、国民的な理解を得なければなりません。今のところ、教育予算拡充の議論のメインテーマはほとんどが高校無償化で、その少し前は公立学校の先生たちの手当の問題でした。なかなか高等教育には議論が及んでいませんね。

国立大学協会は、運営費交付金を拡充するよう毎年のように国に要望しています。頑張ってアピールしていますが、世間の注目を集めるには至っていません。もっと強く打ち出すべきだと思います。

学生とずっと考え続ける

田原　学費の値上げに賛成する学生なんて、まずいません。学生の反対運動を歓迎するぐらいの姿勢で、しっかりと説明することが大切では？
藤井　大学の教職側でしっかりと学費の改定案を作った上で、学生に提示しようとしていたのですが、それよりも先に値上げの報道が出てしまい、学生から反対

の声が上がりました。学生との議論の場も設けたのですが、かなり混乱の状態で行うことになってしまいました。

授業料の引き上げとセットで、減免制度も手厚くするので、本来、困る人のほとんどをカバーできるはずなのですが、それでも学生からは「困る人がいる」という意見をもらいました。

昨年末にかけて私が各学部を回って、直接、学生の皆さんから具体的にどう困るのかを聞いてきました。そこで出てきた意見に基づいてどういう対策をすればいいのかを考えています。

田原　論議はガンガンやったほうがいい

と思います

藤井　これまでは学生の声を聞く仕組みがあまり整っていなかったと思います。東大には約2万8000人の学生がいるので、その人たちの声を聞くと言っても、簡単ではありません。そういう場もフォーマルにはありませんでした。だから声を聞く仕組み作りを検討しています。

田原　学生を説得したいと思うのではなくて、議論を続けていこうという姿勢がいいですね。

藤井　学生の皆さんと一緒にずっと考え続けるのがいいのではないかと思います。

東京大学で授業料の2割引き上げが2024年5月に明らかになると各界に波紋を広げた。かねて国立大は「運営費交付金」の削減に苦しみ、昨今の物価高も相まって多くが増額を望むが、実現するかどうかは不透明だ。そんな状況下で国立大の代表格である東大が授業料の値上げをすることで「他大学も後追いしかねない」との不安が高まり、東大以外の学生からも反発の声

が上がった。

政府は２００４年４月、行財政改革の一貫として、文部科学省の付属機関だった国立大を独立大学法人化。競争原理を導入するために予算や人事などで柔軟な運用を可能にした。国は法人化に合わせ、財政難や少子化を理由に運営費交付金の減額を進めて、04年度に１兆２４１５億円だった交付金は、24年度には１兆７８４億円にまで減った。

国立大が自力で新たな資金を調達するのは容易でなく、人件費や研究費を削るケースが目立ち、有期契約の研究者も少なくない。大学関係者の間では、不安定な環境にある研究者が増えることで、短期間で成果を出せる「小粒」な研究に偏りがちになったとの懸念が広がっている。

文科省の科学技術・学術政策研究所は24年、第一線で研究開発に取り組む大学教員の約８割が「研究時間が少ない」と感じているとする調査結果を公表。経費カットや物価高の影響により人員が減り、教員の業務が増えたなどと分析している。また、この研究所は、自然科学の分野で引用回数が多い注目論文数の世界ランキングをまとめているが、日本は年を追うごとに順位を下げている。24年公表分では13位となり、過去最低だった前年と同じく低迷した。

国立大は外部資金の獲得にも動いているが、光熱費や物価の高騰などで経費がかさみ、国立大学協会（会長＝永田恭介・筑波大学長）が24年6月、国立大の財務状況について「もう限界です」とする異例の声明を出し、国の支援拡充を求めた。

毎日新聞が24年6月に国立大全86大学を対象に実施したアンケート（12月までに78大学が回答）では、競争力の強化や質の高い教育を進めるために必要な対策（複数回答）として、最多の70大学が「国による運営費交付金の増額」を挙げている。「必要経費が賄えない」「運営費交付金が減額される中で教育・研究機能の向上がミッションとなっており、現状維持は不可能だ」など経済的な窮状を訴える大学が目立っている。

国立大の授業料について国が定めた標準額（年53万5800円）を見直す

べきかどうかについては、27大学が「見直すべきだ」と回答。授業料は今回の東大のケースのように各大学の裁量で2割の範囲で引き上げが認められるが、国の主導による値上げを望む様子がにじんだ。

国立大授業料を巡っては、東大の値上げ方針が明らかになる前の24年3月、文科相の諮問機関「中央教育審議会」の特別部会で伊藤公平・慶応義塾長が、私立大に比べて安い国立大の授業料を3倍近い年約150万円にする提案をして議論を呼んだ。「国公私立大の設置形態にかかわらず大学教育の質を上げるためには、公平な競争環境を整えることが必要」と主張した。

発言の背景の一つには、多くの国立大で授業料が20年据え置かれてきたことで、私大との学費差が開いた実態がある。特別部会は急速な少子化を踏まえ、大学など高等教育機関の将来像を議論してきた。文科省は40年の大学入学者数は2割減ると推計している。そこで、大学全体の約8割を占める私大は経営難に陥るケースが続出するとみられる。

日本私立大学連盟によると、私大の授業料は、平均で文科系が105万円、医歯科系が473万円と国立より高額だ。私大連は富裕層の学生が学費の安い国立大、低所得層の学生が学費の高い私大に入るという矛盾がより顕著になっていると指摘。国立大授業料の上限をなくし私大との学費差を是正するよう求めている。国立大は、大学受験では難関校が多く、塾代などを負担できる家庭の子どもが優位に立つ傾向がある。

伊藤氏や私大連の主張をまとめれば、国立大の授業料を引き上げれば、運営費交付金の減に苦しむ国立大の環境を改善しながら、私大との学費差も埋められるため、国立大と私大でフェアな競争もできるということだ。

両者は、値上げの前提として給付型奨学金を拡充したり、学費を減免する修学支援制度の対象を拡大したりすることも訴えている。東大も値上げとセットで、独自の授業料全額免除制度で年収上限を600万円に引き上げるなどして対応する。

それでも、学費の引き上げに反発が出るのは、経済的に進学が困難な人がさらに追い込まれないかとの不安感が拭い切れないからだろう。全国の大学生、院生の半数強は奨学金を受給しており、学費のためにアルバイトを掛け持ちするケースも多い。特に国立大は教育の機会均等を担保する役割を担っている。運営費交付金の増額が見通せない状況で、経済的に窮した大学がなし崩し的に学生に負担を求める構図では、学生や保護者に先行きの不安を与えてしまう。

英オックスフォード大や米ハーバード大のように寄付や資産運用などで「稼げる大学」となるのではなく、国の財政支援によって学びと研究の環境を安定させるのなら、藤井総長がインタビューで語ったとおり「国民的な理解を得なくてはならない」。日本は教育費について「自己負担」の考えが根強いことは、第5章でも触れた通りだ。突き詰めれば、私たちが隣家の子どもたちの教育費も出せると思えるかどうかになるだろう。

おわりに──田原流教育論議に伴走して

竹内良和

教育をテーマにした田原のインタビュー企画に2年にわたり伴走してきた。仕事で顔を合わせるたびに、か細く少しかすれたような声で「どうも、いつもお世話になります」とほほえみ、ゆっくりと頭を下げてくれる。日本のテレビジャーナリズム界を牽引してきたレジェンドの腰の低さに、孫のような年の私はいつも恐縮している。

だが、ひとたびインタビューに入ると、物静かだった田原は一変し、テレビの討論番組に出ている時のように声は大きくなる。90歳を過ぎても、相手にシンプルな質問をぶつけることで、分かりやすい答えを引き出そうとする「田原流」は変わらないのだ。

ただ、かつて首相退陣のきっかけをつくったほどのジャーナリストであっても、物忘れが激しかったり、現状認識のアップデートが遅かったりと、寄る年波にはなかなか勝てない。だから、私はコーディネーターのような役割も担いながら、田原と二人三脚で企画を進めてきた。自転車の補助輪のような存在なのかもしれない。

田原のインタビューを引き受けていただいた10人は、教育と関わりながらも立ち位置はさまざまで、それぞれがユニークとも言える世界観を持った方々だ。つまり教育にハマり込みすぎない人選になっている。

当たり前のことかもしれないが、田原も、私も、何かを発信する時は「新しい考え方」か「新しい事実」を示すことが最低条件になると考えている。そして、正しくても、それが面白くなければ、人の心や考えを動かすことはできないと思っている。

ゆえに高い見識を持ちつつも、オリジナリティにあふれる話ができる人物にインタビューをお願いした。子ども時代からの体験を振り返りながら教育論を語る人も少なくなく、著名人の半生のストーリーを知る感覚で読み進めた読者も多いことだろう。

インタビューで、田原は一般人にとって分かりにくい専門用語は決して使わないし、テレビジャーナリズム界の大御所になっても、おかしなプライドはなく、知ったかぶりもしない。分からないことは、何度でも、分からないと繰り返す。雲をつかむような抽象論も嫌って、いつも具体的な説明を求めるシンプルさが真骨頂である。

それだけに、どのインタビュー相手も分かりやすく教育論を語ってくれた。テーマについても、いじめ、不登校、受験戦争、教育格差、ジェンダー平等、学び直しなど今日的な教育の課題にかなり幅広く触れることができた。教育に精通していなかったり、さほど興味がなかったりした人にとっても、日本の教育が置かれた現状をわかりやすく知ってもらえたのではないかと期待している。

田原が長年にわたり抱いてきた「答えのある問題を出す教育によって、日本人の創造性が育たなかった」という問題意識は、今となってはオーソドックスな考え方になったといってよいだろう。

　これからの社会は人工知能（ＡＩ）などが幅をきかせていくため、頭に多くの知識を詰め込み、型どおりの答えを出せる人材よりも、自らが問いを立て、どう解決するかを見いだす能力がますます求められる。

　田原が日本の教育の一つの元凶として念頭に置いている「詰め込み教育」は、主に１９７０年代から軌道修正が図られてきた。文部科学省が２０２０年度から順次実施した現在の学習指導要領では「主体的、対話的で深い学び」（アクティブラーニング）を重視している。

　これは、自ら考えて行動する人材の育成を狙いとするもので、田原が数十年前に教育に望んだイメージにほぼ重なる。それまでなら、属人的な才能や努力、あるいは、思いがけない巡り合わせのようなもので誕生してきた創造的な人材を、教育行政が意図してつくり出そうとしているのだ。

　田原は、本書のタイトルにもなっている「東大生は優秀か」という挑戦的な問いをさまざまなトピックと掛け合わせながら多くのインタビュー相手に投げかけた。言うまでもなく、東大生が優秀かどうかは、評価する人によって判断は異なるし、そもそも東大生を十把一からげに評価できない。

それでも、あえてインタビューで挑戦的な問いをしたのは、この国の教育制度のもとで育った最優秀とされる学生たちを見つめることにより、日本の教育の現在地や課題を探りたかったからなのかもしれない。

田原のインタビューに応じた人たちは、総じて「創造力」「ユニークさ」「問いを立てる力」が優秀さだと認識していた。望まれる人材像は、わりとはっきりと見えているし、いつの時代も、その像はさほど変わらないのかもしれない。

田原総一朗 たはら・そういちろう

1934年、滋賀県生まれ。早稲田大第1文学部卒業後、岩波映画製作所に入社。その後、64年に開局した東京12チャンネル（現テレビ東京）のディレクターに。タブーに挑戦する多数のドキュメンタリー番組を手がけ、77年からフリーとなった。現在、討論番組『朝まで生テレビ！』と『激論！クロスファイア』（いずれもBS朝日）で司会を務める。新聞、雑誌、インターネットメディアでも活躍中。著書に『日本の戦争』（小学館）、『堂々と老いる』（毎日新聞出版）、『全身ジャーナリスト』（集英社）など多数。

編者 **竹内良和** たけうち・よしかず

1977年、東京都生まれ。2000年に毎日新聞社に入社し、神戸支局、福島支局次長、社会部都庁クラブキャップ、社会部副部長などを経て25年4月から千葉支局長。災害地での取材が多く、東日本大震災やネパール大地震（2015年）では発災直後から現地入りしてリポートした。東京都政の取材にも長く携わり、東京五輪を巡って、国立競技場の建て替えや「復興五輪」のひずみなどを報じた。ヒューマンストーリーの執筆やインタビュー記事の構成も得意とする。

毎日文庫

東大生《とうだいせい》は本当《ほんとう》に優秀《ゆうしゅう》なのか
「正解《せいかい》のある教育《きょういく》」ではなく「答《こた》えのない創造力《そうぞうりょく》」へ

印刷 2025年4月25日
発行 2025年5月10日

著者 田原総一朗《たはらそういちろう》
編者 竹内良和
発行人 山本修司
発行所 毎日新聞出版
東京都千代田区九段南1-6-17 千代田会館5階
〒102-0074
営業本部：03(6265)6941
図書編集部：03(6265)6745
ブックデザイン 鈴木成一デザイン室
印刷・製本 中央精版印刷

ISBN978-4-620-21083-4
落丁本・乱丁本はお取り替えいたします。